I0479414

Finance Verte
Réussir Financièrement
tout en Protégeant la Planète

Owen Redford

Finance Verte
Réussir Financièrement tout en Protégeant la Planète

Polychromatic reflections Publishing

Code ISBN : 9798392384846
Marque éditoriale : Independently published
Couverture : Packer Nemo

Sommaire

Introduction 9

L'histoire de l'investissement responsable 13

Les origines et l'évolution 13

Les crises et les leçons apprises..............................16

Les grands penseurs et leurs contributions 20

La montée en puissance des critères ESG 24

La philosophie de l'investissement responsable..............29

Les principes éthiques...29

L'intégration des critères ESG.............................32

La quête du juste équilibre entre rentabilité et impact..........36

L'importance du long terme 40

Les mythes et réalités de l'investissement responsable ...45

Les préjugés courants 45

Les succès et les échecs......................................49

Les leçons tirées des expériences passées 52

La nécessité de repenser notre approche 56

**Les acteurs et les mécanismes
de l'investissement responsable**...................................59

Les investisseurs et entrepreneurs
socialement responsables.....................................59

Les régulateurs et les organismes de normalisation 63

Les ONG et les défenseurs des droits de l'homme
et de l'environnement.. 66

Les entreprises et leur intégration des principes
de développement durable... 70

**Les outils et les méthodes pour évaluer et investir
de manière responsable.. 75**

Les normes de reporting ESG 75

Les cadres d'évaluation.. 79

Les indices et les produits d'investissement........................ 83

Les défis de la mesure de l'impact 87

**Les opportunités et les risques
de l'investissement responsable.. 93**

Les secteurs d'avenir et les tendances macroéconomiques.. 93

Les risques et les incertitudes... 97

Les opportunités d'investissement durable 100

Les stratégies pour minimiser les risques
et maximiser l'impact... 104

**Les perspectives d'avenir
pour l'investissement responsable 109**

Les tendances émergentes et les innovations 109

Les défis et les opportunités à venir 113

La réglementation et les initiatives gouvernementales....... 118

La responsabilité des investisseurs
dans un monde en mutation... 121

Les études de cas et les exemples concrets 127

Les réussites et les échecs notables 127

Les enseignements tirés de ces expériences 130

Les histoires inspirantes
d'investisseurs et d'entrepreneurs responsables 134

Les leçons pour les futurs investisseurs responsables 138

Vers une société plus juste et durable **143**

Le rôle de l'investissement responsable
dans la transition vers un monde plus durable 143

Les défis et les opportunités
pour les entreprises et les investisseurs 147

L'importance de la collaboration entre les acteurs 151

Les perspectives d'avenir et les aspirations
pour un monde meilleur 154

**Une invitation à agir et à réfléchir sur notre impact
en tant qu'investisseurs et citoyens du monde** **159**

Les idées clés du livre **164**

Introduction

Réveiller la conscience du lecteur

Dans le monde tumultueux des marchés financiers, il est facile de se laisser emporter par la quête de la rentabilité et de perdre de vue l'impact de nos décisions d'investissement sur la société et l'environnement. Pourtant, au-delà des chiffres et des courbes, se cache une dimension humaine et écologique qui mérite toute notre attention. L'investissement responsable, un mouvement en plein essor, nous invite à repenser notre approche de la finance et à nous interroger sur les conséquences de nos choix sur le monde qui nous entoure. Ce livre, fruit de la réflexion et de l'expertise de nombreux acteurs engagés, se veut un guide pour tous ceux qui souhaitent comprendre les principes et les enjeux de l'investissement responsable et contribuer, à leur échelle, à la construction d'un avenir plus juste et durable.

Le vent du changement souffle sur le monde de la finance. Face aux défis sociaux et environnementaux qui menacent notre planète, les investisseurs, les entreprises et les gouvernements prennent peu à peu conscience de l'urgence d'agir pour préserver notre bien-être collectif. L'investissement responsable, qui intègre les critères Environnementaux, Sociaux et de Gouvernance (ESG) dans les décisions financières, émerge comme une réponse à cette prise de conscience, un moyen de concilier performance économique et impact positif sur la société et l'environnement.

Ce livre s'adresse à tous ceux qui cherchent à mieux comprendre ce mouvement et à y participer activement. À travers ses neuf chapitres, nous vous proposons de plonger dans l'histoire de l'investissement responsable, d'explorer sa philosophie et ses principes, de démêler les mythes et les réalités qui l'entourent, et de découvrir les acteurs, les outils et les méthodes qui en font la richesse. Nous vous invitons également à réfléchir aux opportunités et aux risques qui se présentent à nous, à envisager les perspectives d'avenir et à nous inspirer des expériences réussies et des enseignements tirés des échecs passés.

Tout au long de ce voyage, nous vous solliciterons à travers des questions et des analogies pour vous aider à approfondir votre réflexion et à vous forger votre propre opinion sur les enjeux et les dilemmes de l'investissement responsable. Notre approche, à la fois poétique et contre-intuitive, vise à éveiller votre curiosité et à stimuler votre imagination, afin de vous donner les clés pour repenser votre rapport à la finance et à l'impact de vos décisions d'investissement.

Car c'est bien là l'objectif ultime de ce livre : réveiller votre conscience et vous inciter à agir en tant qu'investisseur et citoyen du monde. En prenant part à l'investissement responsable, vous contribuerez non seulement à la prospérité économique, mais aussi à la préservation de notre planète et au bien-être de ses habitants. Vous deviendrez ainsi un acteur du changement, un artisan d'un monde plus équitable et durable.

Alors, prenez une profonde inspiration et laissez-vous guider à travers les pages de ce livre. Ensemble, nous explorerons les différents aspects de l'investissement responsable, depuis ses origines jusqu'à ses perspectives d'avenir. Nous examinerons les réussites et les échecs, les défis et les opportunités, et les leçons à tirer de ces expériences.

Et, surtout, nous chercherons à établir des ponts entre les mondes de la finance, de l'éthique et de la durabilité, afin de démontrer que l'investissement responsable n'est pas seulement un choix judicieux sur le plan financier, mais aussi une démarche essentielle pour assurer l'avenir de notre planète et de ses habitants.

En refermant ce livre, nous espérons que vous aurez acquis une compréhension approfondie des principes de l'investissement responsable et que vous serez inspiré à agir en conséquence. Il ne s'agit pas seulement de changer la manière dont nous investissons, mais également de transformer notre façon de penser et de percevoir notre rôle en tant qu'acteurs du changement.

Comme le soulignait le poète et philosophe John Donne, « aucun homme n'est une île, complet en lui-même ». Nous sommes tous interconnectés, et nos décisions, qu'elles soient financières, environnementales ou sociales, ont un impact sur le monde qui nous entoure. Il est donc de notre responsabilité, en tant qu'investisseurs et citoyens du monde, de veiller à ce que cet impact soit positif et constructif.

Puissent ces pages vous éclairer et vous guider sur le chemin de l'investissement responsable et du développement durable. Puissent-elles réveiller votre conscience et vous inciter à vous engager pleinement dans cette quête d'un avenir meilleur pour nous tous. Car, comme le disait si bien l'écrivain et poète Antoine de Saint-Exupéry, « nous n'héritons pas de la terre de nos ancêtres, nous l'empruntons à nos enfants ». Il est temps de rendre à la Terre ce qu'elle nous a donné et d'assurer un avenir serein et prospère pour les générations futures.

L'histoire de l'investissement responsable

Les origines et l'évolution

L'investissement responsable trouve ses racines dans des traditions anciennes et des préoccupations éthiques qui ont traversé les siècles. Dès l'Antiquité, des civilisations telles que la Grèce, l'Égypte ou la Mésopotamie ont intégré des principes moraux dans leurs pratiques commerciales et financières. Toutefois, c'est avec la montée des religions monothéistes que l'investissement éthique et responsable a commencé à se développer de manière plus structurée.

Les préceptes religieux ont joué un rôle crucial dans la formation de l'investissement responsable. Par exemple, dans l'Islam, les principes de la finance islamique interdisent la riba (l'intérêt) et le gharar (l'incertitude), tout en encourageant les investissements dans des entreprises conformes aux valeurs islamiques. De même, dans le judaïsme, la Torah et le Talmud contiennent des règles relatives aux pratiques commerciales et financières éthiques, telles que l'interdiction de l'usure et l'obligation de donner la tsédaka (charité). Quant au christianisme, il a également condamné l'usure et encouragé le soutien aux pauvres et aux démunis.

Au fil des siècles, l'investissement responsable a continué à évoluer, influencé par les mouvements sociaux et les préoccupations éthiques de l'époque. À la fin du XVIIIe siècle et au début du XIXe siècle, les Quakers, une communauté religieuse protestante, ont joué un rôle précurseur dans la promotion de l'investissement éthique, en encourageant leurs membres à ne pas investir dans des entreprises impliquées dans l'esclavage ou la guerre. Cette approche reposait sur la notion de « négociation propre », qui visait à éviter les investissements contraires aux valeurs morales de la communauté.

Au cours du XXe siècle, l'investissement responsable a connu un essor important, notamment grâce aux mouvements pour les droits civiques, l'égalité des sexes et la protection de l'environnement. Les années 1960 et 1970 ont vu l'émergence de fonds d'investissement socialement responsables, tels que le Pax World Fund, qui excluaient les entreprises impliquées dans la production d'armes ou de tabac, ou encore le Calvert Social Investment Fund, qui intégrait des critères sociaux et environnementaux dans ses décisions d'investissement.

Dans les années 1980 et 1990, l'investissement responsable a pris une dimension internationale, avec des campagnes visant à mettre fin à l'apartheid en Afrique du Sud et à promouvoir les droits de l'homme et la démocratie dans le monde entier. Les investisseurs ont commencé à exercer leur influence pour inciter les entreprises à adopter des pratiques plus éthiques et responsables. C'est durant cette période que sont apparus les premiers indices boursiers responsables, tels que le Domini Social Index et le FTSE4Good, qui mesuraient la performance des entreprises en fonction de critères environnementaux, sociaux et de gouvernance (ESG). Ces indices ont permis aux investisseurs de comparer la performance financière des entreprises responsables avec celle des entreprises traditionnelles, contribuant ainsi à briser le mythe selon lequel l'investissement responsable impliquerait nécessairement des rendements inférieurs.

Au début du XXIe siècle, l'investissement responsable a continué à se développer et à se diversifier, avec l'émergence de nouvelles approches telles que l'investissement d'impact, qui vise à générer un impact social et environnemental mesurable, en plus d'un rendement financier. De plus en plus d'investisseurs, notamment institutionnels, ont intégré les critères ESG dans leurs processus de décision, conscients des risques et des opportunités liés à ces questions pour la performance financière et la réputation des entreprises. Les initiatives telles que les Principes pour l'investissement responsable (PRI) des Nations Unies, lancés en 2006, ont contribué à formaliser et à promouvoir l'adoption de ces pratiques par les investisseurs du monde entier.

Parallèlement, les régulateurs et les gouvernements ont également pris conscience de l'importance de l'investissement responsable pour le développement durable et la stabilité financière. Ils ont commencé à mettre en place des réglementations et des politiques incitatives pour encourager les investisseurs et les entreprises à intégrer les critères ESG dans leurs décisions. Parmi les exemples notables, on peut citer la directive européenne sur la divulgation d'informations non financières et la loi américaine Dodd-Frank, qui exigent des entreprises qu'elles communiquent sur leur gestion des risques ESG.

Enfin, l'investissement responsable a également été stimulé par la montée en puissance des préoccupations sociétales et environnementales, telles que le changement climatique, les inégalités et la pauvreté, et par la prise de conscience croissante des limites du modèle de développement actuel. Les Objectifs de développement durable (ODD) des Nations Unies, adoptés en 2015, ont offert un cadre global et intégré pour orienter les investissements vers des solutions durables et pour mesurer leur impact.

Aujourd'hui, l'investissement responsable représente un segment de plus en plus important du marché financier, avec des milliers de milliards de dollars d'actifs sous gestion et une offre diversifiée de produits et de services. Il continue d'évoluer, en s'adaptant aux nouveaux défis et en intégrant les innovations technologiques, telles que la finance numérique et la blockchain, qui ouvrent de nouvelles perspectives pour la transparence, la traçabilité et l'efficacité des investissements responsables.

En somme, l'histoire de l'investissement responsable est celle d'une évolution constante, influencée par les valeurs morales, les mouvements sociaux et les enjeux globaux. Elle témoigne de la capacité de la finance à s'adapter et à se transformer pour répondre aux aspirations et aux besoins de la société et de l'environnement, tout en offrant des opportunités de croissance et de prospérité pour tous.

Les crises et les leçons apprises

Au fil de l'histoire, les crises économiques, financières et environnementales ont joué un rôle déterminant dans la prise de conscience des enjeux liés à l'investissement responsable. Ces crises ont souvent révélé les limites des modèles traditionnels et ont incité les acteurs du marché à repenser leur approche et à intégrer davantage les critères ESG dans leurs décisions d'investissement.

La crise de 1929 et les leçons sur la régulation financière

La Grande Dépression de 1929, qui a plongé le monde dans une crise économique sans précédent, a révélé les défaillances du système financier de l'époque, marqué par la spéculation, l'endettement excessif et l'absence de régulation. Suite à cette crise, de nombreuses réformes ont été mises en place pour renforcer la régulation et la surveillance des marchés financiers, notamment aux États-Unis avec le Glass-Steagall Act et la création de la Securities and Exchange Commission (SEC). Bien que ces réformes ne visaient pas directement l'investissement responsable, elles ont jeté les bases d'un système financier plus stable et transparent, propice à l'émergence de pratiques d'investissement plus éthiques et durables.

La crise des années 1970 et l'éveil environnemental

La crise pétrolière des années 1970 a provoqué une prise de conscience globale de la dépendance excessive aux combustibles fossiles et de l'impact environnemental de l'industrie pétrolière. Cette crise a stimulé la recherche et le développement de sources d'énergie alternatives, ainsi que la montée en puissance des mouvements écologistes. Dans ce contexte, l'investissement responsable a commencé à intégrer des critères environnementaux, tels que la pollution, la gestion des ressources naturelles et l'efficacité énergétique, et à favoriser les investissements dans des entreprises respectueuses de l'environnement.

La crise asiatique de 1997 et les enseignements sur la gouvernance

La crise financière asiatique de 1997 a mis en lumière les problèmes de gouvernance et de transparence dans les économies émergentes, en particulier les liens étroits entre les entreprises, les banques et les gouvernements, qui ont contribué à l'endettement excessif et à la surévaluation des actifs. Suite à cette crise, les investisseurs ont accordé une attention accrue aux critères de gouvernance, tels que la structure et la composition des conseils d'administration, les politiques de rémunération des dirigeants et les droits des actionnaires, considérant que ces facteurs pouvaient influencer la performance financière et la résilience des entreprises face aux crises.

La crise financière de 2008 et la responsabilité sociale des entreprises

La crise financière de 2008, déclenchée par l'effondrement du marché immobilier américain et la faillite de grandes institutions financières, a révélé les défaillances du système financier mondial et les risques liés aux pratiques spéculatives, à l'endettement excessif et à l'opacité des produits financiers complexes. Cette crise a également mis en lumière la responsabilité sociale des entreprises, notamment dans le secteur financier, et a souligné l'importance de l'éthique et de la gestion des risques pour la stabilité et la durabilité des marchés.

En réponse à cette crise, de nouvelles réglementations ont été adoptées pour renforcer la supervision et le contrôle des institutions financières et pour promouvoir une finance plus responsable et transparente. Par exemple, la loi Dodd-Frank aux États-Unis et les régulations de Bâle III à l'échelle internationale ont imposé des exigences plus strictes en matière de capital, de liquidité et de divulgation d'informations aux banques. Dans le même temps, les investisseurs ont accordé une attention croissante aux critères sociaux, tels que les conditions de travail, les droits de l'homme et la diversité, en considérant que ces facteurs pouvaient également influencer la performance et la réputation des entreprises.

La crise climatique et les défis du développement durable

La crise climatique, qui se manifeste par une augmentation des températures, des événements météorologiques extrêmes et des perturbations des écosystèmes, représente un défi majeur pour l'humanité et pour la stabilité économique et financière mondiale. Les accords internationaux, tels que l'Accord de Paris sur le climat, signé en 2015, et les Objectifs de développement durable des Nations Unies, ont souligné la nécessité d'une transition vers une économie bas-carbone et durable, et ont encouragé les investisseurs à prendre en compte les risques et les opportunités liés au changement climatique dans leurs décisions d'investissement.

Dans ce contexte, l'investissement responsable a évolué pour intégrer des critères climatiques, tels que les émissions de gaz à effet de serre, l'adaptation au changement climatique et les opportunités de financement de la transition énergétique. De plus, l'investissement responsable a contribué à l'émergence de nouveaux produits et stratégies, tels que les obligations vertes, les fonds bas-carbone et les portefeuilles alignés sur les scénarios climatiques, qui visent à orienter les capitaux vers des solutions durables et à minimiser les risques liés au changement climatique.

En conclusion, les crises et les leçons apprises tout au long de l'histoire ont façonné l'évolution de l'investissement responsable et ont contribué à renforcer la prise de conscience des enjeux ESG parmi les investisseurs, les entreprises et les régulateurs. Ces crises ont également souligné la nécessité d'une approche plus intégrée et holistique de l'investissement, qui tienne compte de l'ensemble des facteurs environnementaux, sociaux et de gouvernance pour assurer la prospérité et la résilience des marchés et de la société dans son ensemble.

Les grands penseurs et leurs contributions

Au cours des dernières décennies, plusieurs penseurs et experts en économie, finance et développement durable ont apporté des contributions significatives à la réflexion sur l'investissement responsable. Leurs idées ont contribué à façonner les principes, les méthodes et les pratiques de l'investissement responsable et ont inspiré de nombreux investisseurs et entrepreneurs à adopter une approche plus éthique et durable de la gestion de leur portefeuille. Voici quelques-uns de ces grands penseurs et leurs contributions majeures :

John Maynard Keynes (1883-1946)

Bien que Keynes soit principalement connu pour ses théories macroéconomiques et sa défense de l'interventionnisme étatique, ses idées sur l'investissement ont également eu un impact sur la pensée en matière d'investissement responsable. Keynes a souligné l'importance de la gestion active des investissements et de la prise en compte des facteurs fondamentaux, tels que la qualité de la gestion, la santé financière et les perspectives de croissance, plutôt que de se fier uniquement aux fluctuations du marché. Cette approche a jeté les bases de l'analyse fondamentale, qui est aujourd'hui largement utilisée par les investisseurs responsables pour évaluer les performances ESG des entreprises.

Benjamin Graham (1894-1976)

Considéré comme le père de l'investissement dans la valeur (value investing), Graham a développé des méthodes d'évaluation rigoureuses pour identifier les entreprises sous-évaluées et les opportunités d'investissement attrayantes. Ses principes d'investissement, tels que la marge de sécurité, l'importance de la diversification et la discipline dans la prise de décision, ont influencé de nombreux investisseurs responsables, qui cherchent à combiner les critères ESG avec les principes de l'investissement dans la valeur pour optimiser leur rentabilité et leur impact.

D. F. Schumacher (1911-1977)

Économiste et philosophe britannique, Schumacher est surtout connu pour son livre « Small is Beautiful », dans lequel il défend une économie fondée sur des principes écologiques et humains. Schumacher a plaidé pour une approche de l'investissement qui favorise les entreprises locales, les coopératives et les initiatives de développement durable, et qui prend en compte les besoins et les aspirations des communautés et des générations futures. Ses idées ont inspiré le mouvement de l'investissement d'impact et le développement de fonds d'investissement communautaire et de microcrédit.

Peter Drucker (1909-2005)

Expert en management et en stratégie d'entreprise, Drucker a souligné l'importance de la responsabilité sociale des entreprises et la nécessité pour les organisations de concilier leur mission économique avec leurs obligations envers la société et l'environnement. Ses travaux ont contribué à l'émergence du concept de performance globale, qui englobe les dimensions financière, sociale et environnementale, et qui est aujourd'hui largement adopté par les investisseurs responsables pour évaluer et sélectionner leurs investissements.

Muhammad Yunus (1940-)

Économiste et fondateur de la Grameen Bank au Bangladesh, Yunus est un pionnier du microcrédit et du social business. Il a développé des modèles d'investissement et de financement innovants pour lutter contre la pauvreté et promouvoir l'autonomie économique des populations défavorisées, en particulier les femmes. Ses idées ont inspiré le développement de l'investissement d'impact et des fonds de capital-risque social, qui visent à soutenir des entreprises et des projets ayant un impact social et environnemental positif, en plus de générer un rendement financier.

Robert G. Eccles (1953-)

Professeur à la Harvard Business School et expert en reporting et en performance ESG, Eccles a été un acteur clé dans la promotion de la transparence et de l'intégration des critères ESG dans les décisions d'investissement. Ses travaux ont contribué à l'établissement de normes de reporting et de notation ESG, telles que le Global Reporting Initiative (GRI) et le Sustainability Accounting Standards Board (SASB), qui sont aujourd'hui largement utilisées par les investisseurs et les entreprises pour mesurer et communiquer leurs performances ESG.

Jed Emerson (1958-)

Consultant et chercheur en impact investing, Emerson est l'un des premiers penseurs à avoir développé le concept de « blended value », qui soutient que les investissements peuvent générer simultanément un rendement financier, social et environnemental. Ses idées ont influencé la création de fonds d'investissement d'impact et de stratégies d'investissement qui intègrent les critères ESG pour optimiser leur performance globale et contribuer à la résolution des problèmes sociaux et environnementaux.

R. Edward Freeman (1951-)

Professeur en éthique des affaires et en management, Freeman est le père de la théorie des parties prenantes (stakeholder theory), qui soutient que les entreprises ont une responsabilité envers l'ensemble de leurs parties prenantes, y compris les employés, les clients, les fournisseurs, les communautés et l'environnement, et pas seulement envers leurs actionnaires. Cette théorie a été largement adoptée par les investisseurs responsables, qui considèrent que la gestion des relations avec les parties prenantes et la prise en compte de leurs intérêts sont essentielles pour la création de valeur à long terme et la durabilité des entreprises.

Ces grands penseurs et leurs contributions ont enrichi la réflexion et la pratique de l'investissement responsable en mettant l'accent sur l'éthique, la durabilité, la responsabilité sociale et la performance globale. Leurs idées ont inspiré de nombreux investisseurs, entrepreneurs et décideurs à repenser leur approche de l'investissement et à adopter des stratégies qui intègrent les critères ESG et l'impact social et environnemental pour créer de la valeur et contribuer à un monde plus juste et durable.

La montée en puissance des critères ESG

La prise en compte des critères Environnementaux, Sociaux et de Gouvernance (ESG) dans les décisions d'investissement a connu une croissance exponentielle ces dernières années, au fur et à mesure que les investisseurs ont réalisé l'importance de ces facteurs pour la performance à long terme et la durabilité des entreprises. Les origines de la montée en puissance des critères ESG remontent à plusieurs décennies, mais c'est surtout au début du XXIe siècle que leur adoption s'est généralisée et institutionnalisée.

Les années 1960-1970 : Les premiers pas de l'investissement responsable

La montée en puissance des critères ESG a débuté dans les années 1960 et 1970, avec l'émergence des mouvements de droits civiques, de l'écologie et de la paix. Les investisseurs soucieux d'éthique et de responsabilité sociale ont commencé à exclure les entreprises impliquées dans la production d'armes, le tabac, l'alcool ou la discrimination raciale et sexuelle. Cette approche d'exclusion, également connue sous le nom de « screening négatif », était le principal moyen d'intégrer les préoccupations sociales et environnementales dans les décisions d'investissement à cette époque.

Les années 1980-1990 : L'essor des fonds éthiques et thématiques

Dans les années 1980 et 1990, l'investissement responsable a évolué pour inclure des stratégies plus proactives et diversifiées, telles que les fonds éthiques, qui sélectionnent les entreprises en fonction de leurs performances en matière de responsabilité sociale et environnementale, et les fonds thématiques, qui se concentrent sur des secteurs et des problématiques spécifiques, comme les énergies renouvelables, l'égalité des genres ou la santé. Ces fonds ont contribué à populariser les critères ESG et à attirer l'attention des investisseurs institutionnels et du grand public sur l'importance de l'investissement responsable.

Les années 2000 : L'intégration des critères ESG et la naissance du reporting extra-financier

Au début des années 2000, les investisseurs ont commencé à intégrer systématiquement les critères ESG dans leurs analyses et leurs décisions d'investissement, en utilisant des données extra-financières sur la performance environnementale, sociale et de gouvernance des entreprises. Cette intégration des critères ESG a été facilitée par le développement de normes de reporting, telles que le Global Reporting Initiative (GRI) et le Sustainability Accounting Standards Board (SASB), et de systèmes de notation et de classement ESG, qui permettent aux investisseurs de comparer et de sélectionner les entreprises en fonction de leurs performances ESG.

Les années 2010 : L'expansion des stratégies d'investissement responsable et l'essor de l'impact investing

Dans les années 2010, l'investissement responsable a connu une croissance rapide et une diversification accrue, avec l'émergence de nouvelles stratégies, telles que l'engagement actionnarial, qui vise à influencer les entreprises pour qu'elles améliorent leurs pratiques ESG, et l'impact investing, qui cible les investissements ayant un impact social et environnemental positif et mesurable, en plus de générer un rendement financier. Cette expansion des stratégies d'investissement responsable a été soutenue par l'adoption des Principes pour l'Investissement Responsable (PRI) des Nations Unies en 2006, qui ont encouragé les investisseurs à intégrer les critères ESG dans leurs décisions d'investissement et à favoriser une meilleure gouvernance et une plus grande transparence des entreprises.

Les années 2020 : L'investissement responsable devient la norme

Au cours de la dernière décennie, l'investissement responsable est passé d'un phénomène marginal à un courant dominant de la finance mondiale, avec un nombre croissant d'investisseurs, de régulateurs et de parties prenantes exigeant que les entreprises intègrent les critères ESG dans leur stratégie et leur gouvernance. Les accords internationaux, tels que l'Accord de Paris sur le climat et les Objectifs de Développement Durable (ODD) des Nations Unies, ont également renforcé l'importance des critères ESG et l'urgence de la transition vers un modèle économique plus durable et inclusif.

Cette montée en puissance des critères ESG a été accompagnée d'une multiplication des normes, des réglementations et des initiatives en matière d'investissement responsable, telles que la taxonomie verte de l'Union européenne, la Task Force on Climate-related Financial Disclosures (TCFD) et les initiatives de reporting ESG des régulateurs financiers et des bourses de valeurs. En outre, les investisseurs ont de plus en plus recours à des approches innovantes, telles que l'investissement basé sur les facteurs ESG et l'investissement à impact thématique, pour maximiser leur impact social et environnemental et minimiser les risques liés aux enjeux ESG.

En conclusion, la montée en puissance des critères ESG a été le fruit d'un long processus d'évolution et de maturation de l'investissement responsable, qui a été influencé par des changements sociétaux, des crises économiques et environnementales, et des avancées dans la recherche et la régulation. Aujourd'hui, les critères ESG sont devenus incontournables pour les investisseurs et les entreprises, et ils joueront un rôle déterminant dans la transition vers un monde plus juste, plus durable et plus résilient.

La philosophie de l'investissement responsable

Les principes éthiques

L'investissement responsable est fondé sur un ensemble de principes éthiques qui guident les investisseurs dans leurs décisions et leurs actions, afin de promouvoir un impact social et environnemental positif et de contribuer à un développement économique durable et inclusif. Ces principes éthiques sont le reflet des valeurs et des convictions des investisseurs et des parties prenantes concernées, et ils varient selon les cultures, les religions et les philosophies. Toutefois, il est possible d'identifier un certain nombre de principes éthiques fondamentaux et universels qui sous-tendent l'investissement responsable.

La responsabilité

L'investissement responsable implique que les investisseurs assument leurs responsabilités envers la société et l'environnement, en reconnaissant que leurs décisions d'investissement ont des conséquences directes et indirectes sur le bien-être des personnes, des communautés et de la planète. Cette responsabilité se traduit par un engagement à intégrer les critères ESG dans les analyses et les décisions d'investissement, et à favoriser une gouvernance transparente et responsable des entreprises.

La justice

L'investissement responsable vise à promouvoir une répartition plus équitable des richesses et des opportunités, en soutenant les entreprises qui contribuent à réduire les inégalités sociales et économiques, à améliorer l'accès à l'éducation, à la santé et aux services essentiels, et à respecter les droits des travailleurs, des consommateurs et des communautés. La justice implique également de prendre en compte les générations futures et de préserver les ressources naturelles et les écosystèmes pour les générations à venir.

La prudence

L'investissement responsable exige des investisseurs qu'ils adoptent une approche prudente et prévoyante, en évaluant les risques et les incertitudes liés aux enjeux ESG et en privilégiant les investissements qui offrent un équilibre optimal entre rentabilité, impact et sécurité. La prudence implique également de privilégier une vision à long terme et de tenir compte des tendances et des défis futurs, tels que le changement climatique, la raréfaction des ressources et les évolutions technologiques et démographiques.

La transparence

L'investissement responsable repose sur la transparence et la divulgation des informations relatives aux performances ESG des entreprises et des produits d'investissement, afin de permettre aux investisseurs et aux parties prenantes de prendre des décisions éclairées et de comparer les options d'investissement en fonction de leurs impacts sociaux et environnementaux. La transparence est essentielle pour assurer la crédibilité et la confiance dans l'investissement responsable et pour encourager les entreprises à améliorer leurs pratiques ESG.

L'engagement

L'investissement responsable implique un engagement actif des investisseurs auprès des entreprises, des régulateurs et des parties prenantes, afin de promouvoir des normes et des pratiques ESG plus élevées et d'influencer les comportements et les politiques en faveur d'un développement durable et responsable. L'engagement peut prendre diverses formes, telles que le dialogue avec les entreprises, la participation aux assemblées générales, la coopération avec d'autres investisseurs et la promotion d'initiatives et de régulations favorables à l'investissement responsable. L'engagement est un moyen essentiel pour les investisseurs responsables d'exercer leur influence et de contribuer à la transformation positive des entreprises et des marchés.

La coopération

L'investissement responsable implique une coopération entre les investisseurs, les entreprises, les régulateurs, les ONG, les chercheurs et les autres parties prenantes, afin de partager les connaissances, les expériences et les meilleures pratiques, et de développer des normes, des outils et des mécanismes communs pour soutenir et faciliter l'investissement responsable. La coopération est cruciale pour renforcer l'impact collectif des investisseurs responsables et pour créer un écosystème favorable à la diffusion et à l'innovation en matière d'investissement responsable.

La continuité

L'investissement responsable est un processus continu et évolutif, qui nécessite une adaptation et un apprentissage constant de la part des investisseurs et des parties prenantes. Les principes éthiques de l'investissement responsable doivent être régulièrement réexaminés et ajustés en fonction des nouvelles connaissances, des enjeux émergents et des attentes changeantes de la société. La continuité implique également un engagement à améliorer constamment les méthodes d'évaluation, de mesure et de reporting des performances ESG, et à explorer de nouvelles approches et stratégies pour maximiser l'impact et la rentabilité des investissements responsables.

En résumé, les principes éthiques de l'investissement responsable sont profondément enracinés dans des valeurs universelles de responsabilité, de justice, de prudence, de transparence, d'engagement, de coopération et de continuité. Ces principes servent de guide et de boussole pour les investisseurs responsables, leur permettant de naviguer dans un monde complexe et incertain et de contribuer à la création d'une société plus juste, durable et prospère pour tous.

L'intégration des critères ESG

L'intégration des critères Environnementaux, Sociaux et de Gouvernance (ESG) dans le processus d'investissement est une étape cruciale pour aligner les portefeuilles d'investissement sur les principes éthiques de l'investissement responsable. Cette intégration vise à prendre en compte les risques et les opportunités liés aux enjeux ESG dans l'évaluation et la sélection des entreprises et des produits d'investissement, ainsi que dans la gestion et le suivi des portefeuilles. Cette section explore les différentes méthodes et approches pour intégrer les critères ESG dans l'investissement responsable.

L'analyse ESG

L'analyse ESG consiste à évaluer les performances et les risques des entreprises et des produits d'investissement en fonction de critères environnementaux, sociaux et de gouvernance, en complément des analyses financières traditionnelles. Cette analyse peut être réalisée à l'aide de divers outils et sources d'information, tels que les rapports ESG des entreprises, les notations et les indices ESG, les études de marché et les données de recherche spécialisées. L'analyse ESG permet aux investisseurs de mieux comprendre les enjeux et les impacts ESG, et de prendre des décisions d'investissement plus éclairées et responsables.

La sélection ESG

La sélection ESG implique de filtrer les entreprises et les produits d'investissement en fonction de critères ESG prédéfinis, afin d'inclure ou d'exclure certaines catégories d'actifs ou de secteurs en fonction de leur performance ESG ou de leur compatibilité avec les principes éthiques de l'investissement responsable. Il existe plusieurs approches de sélection ESG, telles que l'investissement thématique (par exemple, les énergies renouvelables, l'éducation, la santé), la sélection best-in-class (investir dans les entreprises les mieux notées sur les critères ESG), ou l'exclusion de secteurs controversés (par exemple, les armes, le tabac, les combustibles fossiles).

L'engagement actionnarial

L'engagement actionnarial est une approche proactive pour intégrer les critères ESG dans l'investissement responsable, en utilisant le pouvoir et l'influence des actionnaires pour promouvoir des pratiques ESG plus responsables et durables au sein des entreprises. Les investisseurs peuvent s'engager auprès des entreprises par le dialogue, les résolutions d'actionnaires, la participation aux assemblées générales et la collaboration avec d'autres investisseurs. L'engagement actionnarial vise à encourager les entreprises à améliorer leur performance ESG, à réduire les risques et à créer de la valeur à long terme pour les actionnaires et la société.

L'intégration ESG dans la gestion de portefeuille

L'intégration des critères ESG dans la gestion de portefeuille implique de considérer les enjeux ESG dans l'allocation d'actifs, la diversification, la gestion des risques et le suivi des performances. Cette intégration peut être réalisée à travers différentes stratégies, telles que l'investissement passif (par exemple, les fonds indiciel ESG), l'investissement actif (sélectionner et gérer activement les entreprises et les produits d'investissement en fonction de critères ESG), ou l'investissement à impact (investir dans des entreprises et des projets qui génèrent un impact social et environnemental positif, en plus d'un rendement financier). L'intégration ESG dans la gestion de portefeuille nécessite une approche holistique et multidisciplinaire, combinant les compétences et les connaissances des analystes financiers, des experts ESG et des gestionnaires de fonds.

La transparence et le reporting ESG

La transparence et le reporting ESG sont essentiels pour assurer la crédibilité et la responsabilité des investisseurs responsables, et pour communiquer leur engagement et leur performance ESG aux parties prenantes internes et externes, telles que les clients, les régulateurs, les agences de notation et les ONG. Les investisseurs peuvent s'appuyer sur diverses normes de reporting ESG, telles que les Global Reporting Initiative (GRI), les Sustainability Accounting Standards Board (SASB), ou les Task Force on Climate-related Financial Disclosures (TCFD), pour structurer et communiquer leur reporting ESG. La transparence et le reporting ESG contribuent également à renforcer la confiance et la crédibilité du marché de l'investissement responsable, et à stimuler l'innovation et la concurrence entre les acteurs.

En somme, l'intégration des critères ESG dans l'investissement responsable est un processus complexe et évolutif, qui nécessite des approches et des compétences diverses pour évaluer, sélectionner et gérer les entreprises et les produits d'investissement en fonction de critères environnementaux, sociaux et de gouvernance. Cette intégration est essentielle pour aligner les portefeuilles d'investissement sur les principes éthiques et les objectifs de développement durable, et pour créer de la valeur à long terme pour les investisseurs, les entreprises et la société dans son ensemble.

La quête du juste équilibre entre rentabilité et impact

L'investissement responsable vise à concilier deux objectifs principaux : la rentabilité financière et l'impact positif sur la société et l'environnement. Cette quête du juste équilibre entre rentabilité et impact est au cœur des débats et des dilemmes qui traversent le domaine de l'investissement responsable et constitue l'un des principaux défis auxquels sont confrontés les investisseurs, les gestionnaires de fonds et les entreprises.

La rentabilité financière

L'investissement responsable ne signifie pas renoncer à la rentabilité financière. Les investisseurs responsables cherchent à obtenir des rendements financiers compétitifs, tout en tenant compte des critères ESG et des objectifs de développement durable. Plusieurs études et analyses de marché ont montré que les entreprises et les produits d'investissement qui intègrent de manière effective les critères ESG peuvent générer des rendements financiers équivalents, voire supérieurs, à ceux des entreprises et des produits d'investissement traditionnels. La rentabilité financière est essentielle pour attirer et fidéliser les capitaux, et pour financer la transition vers une économie plus juste et durable.

L'impact positif sur la société et l'environnement :

L'investissement responsable vise également à générer un impact positif sur la société et l'environnement, en contribuant à la résolution des problèmes sociaux et environnementaux, tels que la pauvreté, l'inégalité, le changement climatique, la perte de biodiversité, la pollution et l'épuisement des ressources naturelles. L'impact positif peut être mesuré et évalué à l'aide de divers indicateurs et méthodes, tels que les Objectifs de Développement Durable (ODD) des Nations Unies, les indicateurs de performance ESG, les méthodes d'évaluation d'impact, et les systèmes de reporting et de certification.

La diversification et la gestion des risques

La quête du juste équilibre entre rentabilité et impact implique également la diversification et la gestion des risques, à la fois financiers et non financiers. Les investisseurs responsables peuvent diversifier leurs portefeuilles en investissant dans différents secteurs, régions, classes d'actifs et produits d'investissement, qui présentent des niveaux de rentabilité et d'impact variés. La diversification permet de réduire les risques et de maximiser les opportunités d'investissement, tout en contribuant à l'atteinte des objectifs de rentabilité et d'impact. La gestion des risques ESG, tels que les risques climatiques, sociaux et de gouvernance, est également cruciale pour protéger et préserver la valeur des investissements à long terme.

L'engagement et la collaboration avec les entreprises

La quête du juste équilibre entre rentabilité et impact nécessite un engagement actif et une collaboration avec les entreprises, pour les encourager et les soutenir dans l'adoption et l'amélioration de leurs pratiques ESG et de leurs stratégies de développement durable. Les investisseurs responsables peuvent exercer leur influence et leur pouvoir en tant qu'actionnaires et créanciers, en participant aux assemblée eurs générales, en dialoguant avec les dirigeants et les conseils d'administration, en votant sur les résolutions ESG, et en collaborant avec d'autres investisseurs et parties prenantes pour promouvoir et défendre les principes de l'investissement responsable et du développement durable. L'engagement et la collaboration sont des outils clés pour inciter les entreprises à adopter des pratiques et des stratégies responsables, qui peuvent à leur tour générer de la valeur et de l'impact à long terme.

La prise en compte des spécificités locales et culturelles

La quête du juste équilibre entre rentabilité et impact doit également tenir compte des spécificités locales et culturelles, qui peuvent influencer et déterminer les priorités, les attentes, les contraintes et les opportunités en matière d'investissement responsable et de développement durable. Les investisseurs responsables doivent être sensibles et adaptatifs aux contextes locaux et culturels, en respectant et en valorisant la diversité, les traditions, les savoirs, les droits et les besoins des communautés et des parties prenantes concernées. La prise en compte des spécificités locales et culturelles peut enrichir et renforcer la pertinence, l'efficacité et l'acceptabilité des approches et des solutions d'investissement responsable et de développement durable.

L'apprentissage et l'innovation

La quête du juste équilibre entre rentabilité et impact requiert un processus continu d'apprentissage, de réflexion, d'évaluation, de révision et d'innovation, pour améliorer et adapter les méthodes, les outils, les modèles et les pratiques d'investissement responsable et de développement durable. Les investisseurs responsables doivent être ouverts et réceptifs au feedback, aux critiques, aux défis et aux nouvelles idées, qui peuvent remettre en question et enrichir leurs perspectives, leurs hypothèses, leurs connaissances et leurs compétences en matière d'investissement responsable et de développement durable. L'apprentissage et l'innovation sont indispensables pour surmonter les obstacles, les dilemmes et les incertitudes, et pour progresser vers la réalisation des objectifs de rentabilité et d'impact.

La quête du juste équilibre entre rentabilité et impact est un défi complexe et multidimensionnel, qui exige des investisseurs responsables une vision, une volonté, une persévérance et une flexibilité, pour naviguer et concilier les tensions, les contradictions, les compromis et les synergies entre les dimensions financières, sociales, environnementales, éthiques, culturelles et temporelles de l'investissement responsable et du développement durable. Cette quête est à la fois un art, une science, une philosophie et une pratique, qui évolue et se transforme au gré des expériences, des découvertes, des dialogues et des aspirations des investisseurs responsables et de leurs partenaires dans la construction d'un avenir plus juste et durable.

L'importance du long terme

L'investissement responsable, par nature, cherche à créer de la valeur non seulement sur le plan financier, mais aussi sur les plans social et environnemental. Pour y parvenir, il est essentiel de prendre en compte le long terme dans la stratégie d'investissement. Dans cette partie, nous explorerons pourquoi l'accent sur le long terme est si important et comment les investisseurs peuvent intégrer cette perspective dans leur approche.

L'alignement avec les objectifs de développement durable

Les investissements responsables visent à contribuer à la réalisation des Objectifs de développement durable (ODD) des Nations Unies, qui sont des objectifs mondiaux ambitieux visant à éradiquer la pauvreté, protéger la planète et assurer la prospérité pour tous d'ici 2030. Les ODD reconnaissent que les défis sociaux et environnementaux auxquels nous sommes confrontés sont profondément interconnectés et exigent des solutions à long terme. Les investisseurs responsables doivent donc adopter une vision à long terme pour soutenir et promouvoir les transformations durables nécessaires à la réalisation des ODD.

La gestion des risques à long terme

Les investissements responsables permettent de mieux gérer les risques à long terme associés aux enjeux ESG. Par exemple, les entreprises qui négligent les questions environnementales, comme le changement climatique, peuvent être exposées à des risques financiers, réglementaires et réputationnels à long terme. En intégrant les critères ESG dans leur processus d'investissement, les investisseurs responsables peuvent identifier et atténuer ces risques, améliorant ainsi la performance financière de leur portefeuille sur le long terme.

La création de valeur durable

Les investissements responsables visent à générer un rendement financier tout en ayant un impact positif sur la société et l'environnement. Cette approche peut contribuer à créer de la valeur durable pour les investisseurs, les entreprises et la société dans son ensemble. En mettant l'accent sur le long terme, les investisseurs responsables peuvent encourager les entreprises à adopter des pratiques durables, à innover et à investir dans des projets et des technologies qui favorisent la transition vers une économie plus durable. Ce faisant, ils contribuent à créer de la valeur pour les actionnaires, les employés, les clients, les fournisseurs et les communautés dans lesquelles les entreprises opèrent.

L'incitation à un comportement responsable des entreprises

En adoptant une perspective à long terme, les investisseurs responsables envoient un signal fort aux entreprises qu'ils considèrent les enjeux ESG comme cruciaux pour leur succès futur. Cela peut inciter les entreprises à prendre des décisions stratégiques plus responsables et durables et à améliorer leurs pratiques en matière de gouvernance, d'environnement et de responsabilité sociale. En fin de compte, cela peut renforcer la compétitivité et la performance financière des entreprises sur le long terme.

L'importance de la patience et de la persévérance

Les investissements responsables exigent souvent de la patience et de la persévérance, car les impacts sociaux et environnementaux positifs peuvent prendre du temps à se matérialiser. Les investisseurs responsables ne doivent pas se laisser décourager par les fluctuations à court terme du marché ou les revers temporaires. En restant engagés et en maintenant une perspective à long terme, ils peuvent contribuer de manière significative à la résolution des problèmes mondiaux auxquels nous sommes confrontés.

L'engagement actif avec les entreprises

En adoptant une approche à long terme, les investisseurs responsables peuvent jouer un rôle actif dans l'engagement avec les entreprises pour les encourager à améliorer leurs pratiques ESG. L'engagement peut prendre différentes formes, telles que le dialogue direct avec la direction, la participation aux assemblées générales des actionnaires ou la collaboration avec d'autres investisseurs pour exercer une influence collective. En s'engageant activement avec les entreprises, les investisseurs responsables peuvent aider à favoriser un changement durable et à long terme dans la manière dont les entreprises gèrent les enjeux ESG.

La promotion de la transparence et de la responsabilité

En mettant l'accent sur le long terme, les investisseurs responsables peuvent encourager les entreprises à être plus transparentes et responsables en matière de reporting ESG. La transparence est essentielle pour permettre aux investisseurs et aux autres parties prenantes d'évaluer la performance ESG des entreprises et de prendre des décisions éclairées. En outre, une transparence accrue peut inciter les entreprises à améliorer leurs pratiques ESG pour répondre aux attentes croissantes des investisseurs et de la société en matière de durabilité.

En somme, l'importance du long terme est au cœur de l'investissement responsable. En adoptant une perspective à long terme et en intégrant les critères ESG dans leur processus d'investissement, les investisseurs responsables peuvent contribuer à la réalisation des ODD, gérer efficacement les risques à long terme, créer de la valeur durable, inciter les entreprises à adopter des pratiques responsables et durables, et soutenir la transition vers une économie plus juste et durable.

Les mythes et réalités de l'investissement responsable

Les préjugés courants

Dans le domaine de l'investissement responsable, de nombreux préjugés circulent, alimentés par des idées fausses ou des craintes infondées. Ces préjugés peuvent empêcher les investisseurs de reconnaître les avantages potentiels de l'investissement responsable et les dissuader d'intégrer les critères ESG dans leur processus de décision. Voici quelques-uns des préjugés courants concernant l'investissement responsable :

La rentabilité sacrifiée

L'un des préjugés les plus répandus est que l'investissement responsable entraîne un sacrifice de rentabilité. Beaucoup pensent que le fait de privilégier des entreprises ayant de bonnes pratiques ESG se traduit nécessairement par une performance financière inférieure. Cependant, de nombreuses études ont démontré que l'investissement responsable peut générer des rendements comparables, voire supérieurs, à ceux des investissements traditionnels, notamment en réduisant les risques liés aux enjeux ESG.

L'investissement responsable est une mode passagère :

Certains considèrent l'investissement responsable comme une tendance passagère qui finira par disparaître. Or, l'investissement responsable est en réalité un mouvement en constante évolution, qui prend de l'ampleur et gagne en sophistication. La prise de conscience croissante des enjeux sociaux et environnementaux, ainsi que les réglementations et les attentes des investisseurs en matière de durabilité, font de l'investissement responsable un élément incontournable de la finance moderne.

Les critères ESG ne sont pas pertinents pour tous les secteurs

Un autre préjugé courant est que les critères ESG ne sont pertinents que pour certains secteurs, tels que l'énergie ou les industries extractives. En réalité, les enjeux ESG touchent tous les secteurs d'activité, bien que leur importance relative puisse varier d'un secteur à l'autre. Par exemple, les questions de gouvernance et de gestion des ressources humaines peuvent être cruciales dans le secteur financier, tandis que les questions environnementales et de chaîne d'approvisionnement peuvent être plus pertinentes pour les entreprises de la grande consommation.

L'investissement responsable est trop complexe

De nombreux investisseurs estiment que l'investissement responsable est trop complexe et nécessite des compétences et des ressources spécialisées. Bien qu'il soit vrai que l'évaluation des performances ESG des entreprises peut nécessiter une certaine expertise, il existe de nombreux outils, indices et produits d'investissement qui facilitent l'intégration des critères ESG dans le processus d'investissement. En outre, la formation et l'éducation sur l'investissement responsable sont de plus en plus accessibles, permettant aux investisseurs de tous niveaux de s'engager dans cette démarche.

L'investissement responsable ne concerne que les grandes entreprises

Un préjugé répandu est que l'investissement responsable s'adresse uniquement aux grandes entreprises, tandis que les petites et moyennes entreprises (PME) sont exemptées de ces préoccupations.

En réalité, les PME peuvent également avoir un impact significatif sur les enjeux sociaux et environnementaux et peuvent bénéficier de l'adoption de pratiques ESG responsables. Les investisseurs responsables reconnaissent l'importance des PME dans l'économie et cherchent à soutenir celles qui mettent en œuvre des pratiques durables et éthiques. De plus, il est important de noter que les PME qui adoptent des pratiques ESG solides peuvent être mieux positionnées pour attirer des investissements et améliorer leur performance financière à long terme.

L'investissement responsable est uniquement axé sur l'environnement

Beaucoup de gens associent l'investissement responsable à l'investissement dans des entreprises respectueuses de l'environnement. Bien que les questions environnementales soient une composante importante de l'investissement responsable, les critères ESG englobent également les aspects sociaux et de gouvernance. Les investisseurs responsables doivent donc tenir compte de l'ensemble des enjeux ESG, tels que les conditions de travail, la diversité et l'inclusion, la gouvernance d'entreprise et la gestion des risques, pour évaluer la performance globale d'une entreprise.

L'investissement responsable est réservé aux investisseurs institutionnels

Certains pensent que l'investissement responsable est réservé aux investisseurs institutionnels, tels que les fonds de pension et les compagnies d'assurance, qui disposent de ressources et d'expertise suffisantes pour évaluer les performances ESG des entreprises. Cependant, l'investissement responsable est de plus en plus accessible aux investisseurs individuels, grâce à l'émergence de produits d'investissement tels que les fonds indiciels cotés (ETF) et les fonds communs de placement axés sur l'ESG. Ces produits permettent aux investisseurs individuels de diversifier leur portefeuille et d'investir de manière responsable, même avec des montants d'investissement plus modestes.

En résumé, les préjugés courants sur l'investissement responsable sont souvent basés sur des idées fausses et des craintes infondées. Il est essentiel de démystifier ces préjugés pour permettre aux investisseurs de saisir les opportunités offertes par l'investissement responsable et de contribuer à la transition vers une économie plus durable et équitable. En comprenant les véritables enjeux et possibilités de l'investissement responsable, les investisseurs peuvent prendre des décisions éclairées et aligner leurs placements sur leurs valeurs éthiques et leurs objectifs financiers à long terme.

Les succès et les échecs

L'histoire de l'investissement responsable est parsemée de succès et d'échecs qui ont contribué à façonner le paysage actuel de l'investissement éthique et durable. En examinant ces expériences passées, nous pouvons tirer des leçons précieuses et mieux comprendre les défis et les opportunités qui se présentent aux investisseurs responsables.

Les succès

L'essor des énergies renouvelables

L'un des succès les plus notables de l'investissement responsable est la croissance rapide du secteur des énergies renouvelables. Grâce à l'engagement des investisseurs responsables et à la pression exercée sur les entreprises et les gouvernements pour qu'ils adoptent des politiques énergétiques durables, les énergies renouvelables ont progressé de manière exponentielle. Le coût des technologies solaires et éoliennes a également diminué, ce qui a contribué à rendre ces sources d'énergie plus accessibles et compétitives par rapport aux combustibles fossiles.

Les avancées dans le domaine des droits de l'homme

Les investisseurs responsables ont joué un rôle clé dans la promotion des droits de l'homme dans les chaînes d'approvisionnement mondiales. Par exemple, la pression exercée par les investisseurs et les consommateurs a incité de nombreuses entreprises à adopter des politiques de travail équitable et à mettre en place des mécanismes de contrôle pour s'assurer que leurs fournisseurs respectent les normes internationales en matière de droits de l'homme. Ces efforts ont contribué à améliorer les conditions de travail et à réduire l'exploitation des travailleurs vulnérables dans de nombreux secteurs.

L'évolution des normes de gouvernance d'entreprise

L'investissement responsable a également contribué à améliorer les normes de gouvernance d'entreprise. Les investisseurs responsables exigent de plus en plus de transparence et de responsabilité de la part des entreprises dans lesquelles ils investissent, ce qui a conduit à une meilleure gestion des risques et à une prise de décision plus éthique et durable.

Les échecs

Les « entreprises vertes » qui ne sont pas durables

L'un des échecs notables de l'investissement responsable est la montée en puissance d'entreprises qui prétendent être « vertes » ou durables, mais dont les pratiques commerciales réelles sont loin d'être responsables. Ces entreprises, parfois appelées « greenwashers », exploitent l'intérêt croissant des investisseurs pour les questions environnementales, mais ne s'engagent pas véritablement à adopter des pratiques durables. Ces cas de greenwashing soulignent l'importance pour les investisseurs responsables de mener des analyses approfondies et de ne pas se fier uniquement aux déclarations des entreprises.

Les investissements dans des projets controversés

Il y a également eu des cas où des investisseurs responsables ont involontairement investi dans des projets controversés, tels que des projets d'infrastructure ayant des impacts sociaux et environnementaux négatifs, ou des entreprises impliquées dans des scandales de corruption. Ces échecs mettent en évidence l'importance d'une diligence raisonnable approfondie et de la nécessité pour les investisseurs responsables de surveiller et d'évaluer régulièrement les performances ESG de leurs investissements.

L'inefficacité des approches basées sur l'exclusion

Certains investisseurs responsables ont adopté des stratégies d'investissement basées sur l'exclusion de certains secteurs ou entreprises jugés non éthiques. Bien que cette approche puisse sembler attrayante en théorie, elle peut parfois s'avérer inefficace pour générer un réel impact positif. Par exemple, l'exclusion d'entreprises du secteur des combustibles fossiles peut ne pas suffire à accélérer la transition vers les énergies renouvelables si les investisseurs ne soutiennent pas activement les alternatives durables. De plus, l'exclusion peut parfois priver les investisseurs de l'opportunité d'influencer positivement les pratiques des entreprises en tant qu'actionnaires engagés.

En examinant les succès et les échecs de l'investissement responsable, nous pouvons tirer des leçons importantes pour orienter notre approche future. Il est essentiel de reconnaître que l'investissement responsable est un processus en constante évolution et que les investisseurs doivent continuellement adapter leurs stratégies et leurs méthodes d'évaluation pour maximiser l'impact et la rentabilité. De plus, la collaboration entre les investisseurs, les entreprises, les régulateurs et les autres parties prenantes est cruciale pour relever les défis et saisir les opportunités qui se présentent dans le domaine de l'investissement responsable.

Les leçons tirées des expériences passées

Les expériences passées dans le domaine de l'investissement responsable ont apporté de nombreuses leçons précieuses pour les investisseurs, les entreprises et les autres parties prenantes. Voici quelques-unes des leçons les plus marquantes tirées de ces expériences :

Importance de la transparence et de la communication

Les investisseurs responsables ont appris qu'une communication claire et transparente sur leurs objectifs, leurs politiques et leurs performances ESG est essentielle pour établir la confiance avec les parties prenantes et pour démontrer leur engagement envers les principes de l'investissement responsable. Les entreprises, à leur tour, doivent également être transparentes quant à leur performance ESG et à leur stratégie de développement durable pour attirer et retenir les investisseurs responsables.

Nécessité d'une approche intégrée

Les investisseurs responsables ont compris qu'une approche intégrée qui combine les critères financiers traditionnels et les facteurs ESG est plus efficace pour évaluer la performance globale d'une entreprise et pour identifier les opportunités d'investissement durable. Une telle approche permet également de mieux comprendre les risques et les opportunités associés aux enjeux environnementaux, sociaux et de gouvernance.

Importance de l'engagement actionnarial

Les investisseurs ont découvert que l'engagement actionnarial actif et constructif est souvent plus efficace pour influencer les pratiques des entreprises que la simple exclusion des entreprises jugées non éthiques. En dialoguant avec les entreprises et en votant aux assemblées générales des actionnaires, les investisseurs peuvent exercer une influence positive sur les politiques et les pratiques des entreprises en matière d'ESG et encourager une amélioration continue.

L'importance de la collaboration

Les expériences passées ont montré que la collaboration entre les investisseurs, les entreprises, les régulateurs et les autres parties prenantes est cruciale pour relever les défis et saisir les opportunités qui se présentent dans le domaine de l'investissement responsable. Les initiatives conjointes, telles que les groupes d'investisseurs ou les réseaux d'investisseurs responsables, peuvent aider à partager les connaissances, les ressources et les meilleures pratiques pour accélérer le progrès dans ce domaine.

Flexibilité et adaptation

Les investisseurs responsables ont appris qu'ils doivent être prêts à s'adapter et à évoluer au fur et à mesure que de nouvelles informations et de nouvelles tendances émergent dans le domaine de l'investissement responsable. La flexibilité et la capacité à ajuster les stratégies d'investissement en fonction des nouvelles connaissances et des nouvelles exigences réglementaires sont essentielles pour réussir dans ce domaine en constante évolution.

Mesure de l'impact

Les investisseurs responsables ont également tiré des leçons sur l'importance de la mesure de l'impact. Il est essentiel de développer des méthodologies rigoureuses pour évaluer l'impact social et environnemental des investissements, afin de garantir que les objectifs ESG sont atteints et que les investisseurs peuvent démontrer la valeur ajoutée de leurs stratégies d'investissement responsable.

Éducation et sensibilisation

Les expériences passées ont montré l'importance de l'éducation et de la sensibilisation en matière d'investissement responsable. Les investisseurs, les entreprises et les autres parties prenantes doivent être informés des enjeux liés à l'ESG et des meilleures pratiques en matière d'investissement responsable pour prendre des décisions éclairées. Les programmes de formation, les ateliers et les séminaires peuvent aider à diffuser les connaissances et à promouvoir un engagement plus large en faveur de l'investissement responsable.

Importance du contexte régional et culturel

Les investisseurs responsables ont appris que les critères ESG et les stratégies d'investissement doivent être adaptés aux contextes régionaux et culturels spécifiques. Les enjeux environnementaux, sociaux et de gouvernance peuvent varier d'un pays à l'autre, et les investisseurs doivent tenir compte de ces différences lorsqu'ils évaluent les entreprises et les opportunités d'investissement.

Ne pas sous-estimer les défis

Les investisseurs responsables ont également découvert qu'il ne faut pas sous-estimer les défis associés à la mise en œuvre de stratégies d'investissement responsable. La transition vers un modèle d'investissement plus durable peut être complexe et nécessiter des ajustements importants dans les processus de gestion des portefeuilles et de prise de décision. Les investisseurs doivent être prêts à relever ces défis et à apprendre de leurs erreurs pour réussir à long terme.

En somme, les expériences passées en matière d'investissement responsable ont apporté de précieuses leçons qui peuvent aider les investisseurs, les entreprises et les autres parties prenantes à améliorer leurs pratiques et à créer un avenir plus durable pour tous. Ces leçons soulignent l'importance de la transparence, de l'intégration des critères ESG, de l'engagement actionnarial, de la collaboration, de la flexibilité, de la mesure de l'impact, de l'éducation et de la prise en compte du contexte régional et culturel dans l'élaboration et la mise en œuvre de stratégies d'investissement responsable.

La nécessité de repenser notre approche

Au fil des années, les expériences en matière d'investissement responsable ont révélé certaines lacunes et limites dans les approches traditionnelles. Pour continuer à progresser et à créer un impact positif sur la société et l'environnement, il est essentiel de repenser notre approche de l'investissement responsable. Voici quelques domaines clés qui méritent une attention particulière :

Repenser l'évaluation des critères ESG

Les méthodes actuelles d'évaluation des performances ESG des entreprises ont souvent été critiquées pour leur manque d'uniformité et de transparence. Il est crucial de développer des normes de reporting plus cohérentes et des méthodologies d'évaluation plus solides pour permettre une comparaison plus précise entre les entreprises et les secteurs d'activité. L'adoption de normes de reporting globales, telles que les recommandations du Groupe de travail sur les divulgations financières liées au climat (TCFD) et les normes du Conseil des normes de durabilité (SASB), peut contribuer à améliorer la qualité et la comparabilité des informations ESG.

Repenser l'engagement actionnarial

L'engagement actionnarial a longtemps été considéré comme un outil clé pour inciter les entreprises à améliorer leurs pratiques ESG. Toutefois, il est nécessaire de repenser la manière dont les investisseurs interagissent avec les entreprises et de reconnaître que l'engagement actionnarial ne se limite pas aux votes aux assemblées générales. Les investisseurs peuvent adopter une approche plus proactive et collaborative, en travaillant avec les entreprises pour identifier les domaines d'amélioration et en soutenant les initiatives visant à favoriser des pratiques commerciales plus durables.

Repenser la mesure de l'impact

La mesure de l'impact des investissements responsables reste un défi majeur, car il est difficile de quantifier les effets des décisions d'investissement sur les problèmes environnementaux et sociaux complexes. Il est important de développer des méthodologies d'évaluation de l'impact plus robustes et de s'efforcer de capturer les effets positifs et négatifs des investissements sur la société et l'environnement. Les investisseurs doivent également reconnaître que l'impact peut varier considérablement selon le contexte régional, culturel et sectoriel, et adapter leurs méthodes de mesure en conséquence.

Repenser la diversification des portefeuilles

La diversification des portefeuilles est une stratégie clé pour réduire les risques et optimiser les rendements. Cependant, les investisseurs responsables doivent repenser la manière dont ils diversifient leurs portefeuilles pour tenir compte des risques et des opportunités spécifiques liés à l'ESG. Cela peut impliquer d'investir davantage dans des secteurs et des entreprises qui présentent un potentiel de croissance durable et de réduire l'exposition aux secteurs et aux entreprises présentant des risques ESG importants.

Repenser la responsabilité des investisseurs

Enfin, il est essentiel de repenser la responsabilité des investisseurs en matière d'investissement responsable. Les investisseurs doivent reconnaître qu'ils ont un rôle important à jouer dans la promotion de pratiques commerciales durables et éthiques et qu'ils ont une responsabilité envers la société et l'environnement, au-delà de la simple recherche de rendements financiers. Cela peut impliquer de renforcer la transparence et la responsabilité en matière de prise de décision, de s'engager activement auprès des entreprises pour encourager des pratiques ESG solides et de collaborer avec d'autres investisseurs, régulateurs et parties prenantes pour favoriser un environnement d'investissement plus durable.

En conclusion, pour améliorer l'efficacité et l'impact des investissements responsables, il est crucial de repenser notre approche dans plusieurs domaines clés. Cela inclut l'évaluation des critères ESG, l'engagement actionnarial, la mesure de l'impact, la diversification des portefeuilles et la responsabilité des investisseurs. En adoptant une approche plus holistique et en abordant ces défis, les investisseurs peuvent contribuer à créer un avenir plus durable et équitable pour tous.

Alors que nous progressons dans le domaine des investissements responsables, il est impératif de reconnaître les leçons tirées des expériences passées et de repenser les approches traditionnelles afin de maximiser l'impact positif sur la société et l'environnement. En développant des méthodologies plus robustes, en renforçant la transparence et la responsabilité, et en adoptant une approche plus collaborative, les investisseurs peuvent jouer un rôle clé dans la promotion d'un avenir durable et équitable pour tous.

Les acteurs et les mécanismes de l'investissement responsable

Les investisseurs et entrepreneurs socialement responsables

Les investisseurs et entrepreneurs socialement responsables jouent un rôle crucial dans le développement et la promotion de l'investissement responsable. Ils mettent en avant les principes éthiques, environnementaux et sociaux dans leurs décisions d'investissement et leurs activités commerciales. Leur objectif est de créer de la valeur non seulement pour eux-mêmes et leurs actionnaires, mais aussi pour la société et l'environnement dans son ensemble. Dans cette section, nous explorerons le rôle et l'impact des investisseurs et entrepreneurs socialement responsables, ainsi que les défis auxquels ils sont confrontés dans la poursuite de leurs objectifs.

Les investisseurs socialement responsables (ISR) cherchent à intégrer les critères ESG dans leurs décisions d'investissement. Ils peuvent être des investisseurs institutionnels, tels que les fonds de pension, les compagnies d'assurance, les fondations et les gestionnaires d'actifs, ou des investisseurs individuels. Les ISR peuvent utiliser diverses stratégies pour intégrer les critères ESG, notamment la sélection positive (choisir des entreprises ayant de solides performances ESG), la sélection négative (exclure les entreprises ayant de mauvaises performances ESG) et l'engagement actionnarial (dialoguer avec les entreprises pour les encourager à améliorer leurs pratiques ESG). Les ISR peuvent également investir dans des fonds ou des produits d'investissement spécifiquement axés sur les critères ESG, tels que les fonds d'investissement socialement responsable et les obligations vertes.

Les entrepreneurs socialement responsables, quant à eux, cherchent à créer des entreprises qui ont un impact positif sur la société et l'environnement. Ils adoptent des modèles commerciaux durables et éthiques, favorisent des pratiques de travail équitables et inclusives, et s'engagent activement dans des initiatives de responsabilité sociale des entreprises (RSE) pour soutenir les communautés locales et protéger l'environnement. Les entrepreneurs socialement responsables reconnaissent que leur succès commercial est étroitement lié à leur capacité à créer de la valeur pour l'ensemble de la société.

Cependant, les investisseurs et entrepreneurs socialement responsables sont confrontés à plusieurs défis dans leurs efforts pour promouvoir l'investissement responsable. Tout d'abord, il peut être difficile de mesurer et de comparer les performances ESG des entreprises en raison de l'absence de normes de reporting uniformes et de la diversité des cadres d'évaluation. Cela peut rendre difficile pour les investisseurs de faire des choix éclairés et de suivre l'impact de leurs investissements.

Ensuite, les investisseurs et entrepreneurs socialement responsables peuvent être confrontés à des pressions concurrentielles et à des contraintes de rentabilité à court terme qui rendent difficile l'équilibre entre les objectifs financiers et les objectifs ESG. Ils peuvent également être confrontés à des obstacles réglementaires et juridiques qui limitent leur capacité à intégrer les critères ESG dans leurs décisions d'investissement et leurs activités commerciales.

Enfin, les investisseurs et entrepreneurs socialement responsables doivent souvent surmonter les préjugés et les stéréotypes qui entourent l'investissement responsable. Certains peuvent penser que l'investissement responsable implique nécessairement des sacrifices en termes de rentabilité ou de performance financière. Cependant, de nombreuses études ont montré que les entreprises ayant de solides performances ESG peuvent offrir des rendements comparables, voire supérieurs, à ceux des entreprises moins responsables. Les investisseurs et entrepreneurs socialement responsables doivent donc travailler à changer ces perceptions et à promouvoir les avantages de l'investissement responsable auprès d'un public plus large.

Pour relever ces défis, les investisseurs et entrepreneurs socialement responsables peuvent s'appuyer sur diverses ressources et outils. Par exemple, ils peuvent utiliser des cadres de reporting ESG tels que les Global Reporting Initiative (GRI) et les Sustainability Accounting Standards Board (SASB) pour améliorer la transparence et la comparabilité des informations ESG. Ils peuvent également collaborer avec des organisations non gouvernementales (ONG), des experts en développement durable et des organismes de certification pour améliorer leurs pratiques ESG et renforcer leur crédibilité auprès des parties prenantes.

En outre, les investisseurs et entrepreneurs socialement responsables peuvent tirer parti des réseaux et des initiatives existants pour partager leurs expériences et leurs bonnes pratiques en matière d'investissement responsable. Par exemple, ils peuvent rejoindre des organisations telles que les Principles for Responsible Investment (PRI), les Global Impact Investing Network (GIIN) et les B Corps pour accéder à des ressources, des formations et des opportunités de collaboration.

Enfin, les investisseurs et entrepreneurs socialement responsables doivent s'engager dans un dialogue constructif avec les régulateurs, les décideurs politiques et les autres parties prenantes pour promouvoir un environnement favorable à l'investissement responsable. Ils peuvent contribuer à l'élaboration de politiques et de régulations qui encouragent les entreprises à adopter des pratiques ESG et facilitent l'intégration des critères ESG dans les décisions d'investissement.

En conclusion, les investisseurs et entrepreneurs socialement responsables jouent un rôle essentiel dans la promotion de l'investissement responsable et la création d'une économie plus durable et éthique. Pour réaliser pleinement leur potentiel, ils doivent relever les défis auxquels ils sont confrontés, notamment en améliorant la transparence et la comparabilité des informations ESG, en équilibrant les objectifs financiers et ESG, et en changeant les perceptions sur l'investissement responsable. En travaillant ensemble et en tirant parti des ressources et des initiatives disponibles, les investisseurs et entrepreneurs socialement responsables peuvent contribuer à créer un avenir plus durable et équitable pour tous.

Les régulateurs et les organismes de normalisation

Les régulateurs et les organismes de normalisation jouent un rôle crucial dans le développement et la promotion de l'investissement responsable. En établissant des normes et des réglementations claires, ils contribuent à créer un environnement favorable à l'intégration des critères environnementaux, sociaux et de gouvernance (ESG) dans les décisions d'investissement et à assurer une concurrence équitable entre les entreprises.

Les régulateurs financiers, tels que les autorités de surveillance des marchés financiers et les banques centrales, ont pour mission de veiller à la stabilité et à l'intégrité des marchés financiers. Dans ce contexte, ils ont un rôle à jouer pour encourager la transparence et la responsabilité des entreprises en matière de pratiques ESG et pour prévenir les risques systémiques associés à des facteurs ESG, tels que le changement climatique et les inégalités sociales.

Ces dernières années, les régulateurs financiers ont pris des mesures pour renforcer les exigences en matière de divulgation des informations ESG. Par exemple, l'Union européenne a adopté en 2020 le règlement sur la divulgation des informations relatives à la durabilité dans le secteur financier (SFDR), qui impose aux acteurs du secteur financier de divulguer des informations sur leur approche en matière d'investissement durable et leur impact sur les objectifs environnementaux et sociaux. De même, la Securities and Exchange Commission (SEC) aux États-Unis a annoncé en

2021 qu'elle envisageait de renforcer les exigences en matière de divulgation des informations ESG pour les entreprises cotées en bourse.

Outre les régulateurs financiers, les organismes de normalisation jouent un rôle important dans l'établissement de normes et de cadres pour mesurer et communiquer les performances ESG des entreprises. Parmi les principales initiatives de normalisation, on peut citer la Global Reporting Initiative (GRI), le Sustainability Accounting Standards Board (SASB), l'International Integrated Reporting Council (IIRC) et la Task Force on Climate-related Financial Disclosures (TCFD).

La GRI est une organisation indépendante qui a élaboré un ensemble de normes internationalement reconnues pour la communication des impacts économiques, environnementaux et sociaux des entreprises. Les normes GRI sont largement adoptées par les entreprises du monde entier pour la rédaction de leurs rapports de développement durable.

Le SASB est un organisme à but non lucratif qui a développé un ensemble de normes sectorielles pour la communication des informations financièrement significatives et matérielles en matière de durabilité. Les normes SASB sont conçues pour aider les entreprises à identifier et à divulguer les informations ESG les plus pertinentes pour les investisseurs.

L'IIRC est une coalition mondiale d'organisations de régulation, d'investissement, d'entreprise et de normalisation qui a développé un cadre intégré de reporting pour aider les entreprises à communiquer de manière plus transparente et cohérente sur leur performance financière et extra-financière.

La TCFD est une initiative lancée par le G20 qui a élaboré des recommandations pour aider les entreprises à divulguer des informations claires, comparables et cohérentes sur les risques et les opportunités liés au climat, afin de permettre aux investisseurs, aux prêteurs et aux assureurs de prendre des décisions éclairées. Les recommandations de la TCFD sont axées sur la gouvernance, la stratégie, la gestion des risques et les indicateurs et cibles liés au climat.

L'adoption et la mise en œuvre de ces normes et cadres de reporting par les entreprises sont essentielles pour assurer une communication transparente et fiable des informations ESG, et pour permettre aux investisseurs de comparer les performances des entreprises en matière de durabilité. Toutefois, il existe actuellement une certaine fragmentation et une variété de normes et d'approches en matière de reporting ESG, ce qui peut créer de la confusion et des difficultés pour les investisseurs et les entreprises.

Pour surmonter ces défis, plusieurs initiatives visent à harmoniser et à consolider les normes de reporting ESG existantes. Par exemple, en septembre 2020, le GRI, le SASB, l'IIRC et la CDP (anciennement Carbon Disclosure Project) ont annoncé leur intention de travailler ensemble pour créer un système de reporting ESG unifié et cohérent. De plus, en 2020, l'International Financial Reporting Standards (IFRS) Foundation a lancé un projet visant à établir un ensemble global de normes de reporting en matière de durabilité, en s'appuyant sur les travaux des organismes de normalisation existants.

En conclusion, les régulateurs et les organismes de normalisation jouent un rôle central dans le développement et la promotion de l'investissement responsable. En établissant des réglementations et des normes claires pour la divulgation des informations ESG, ils contribuent à créer un environnement propice à l'intégration des critères ESG dans les décisions d'investissement, à assurer une concurrence équitable entre les entreprises et à permettre aux investisseurs d'évaluer et de comparer les performances des entreprises en matière de durabilité. Toutefois, il reste encore des défis à relever pour harmoniser et simplifier le paysage actuel des normes de reporting ESG, afin de faciliter leur adoption et leur mise en œuvre par les entreprises et les investisseurs.

Les ONG et les défenseurs des droits de l'homme et de l'environnement

Les organisations non gouvernementales (ONG) et les défenseurs des droits de l'homme et de l'environnement jouent un rôle crucial dans le domaine de l'investissement responsable en sensibilisant le public, en influençant les politiques et en plaidant pour des pratiques commerciales plus éthiques et durables. Leur travail est essentiel pour mettre en lumière les problèmes sociaux et environnementaux et encourager les investisseurs à intégrer les critères ESG dans leurs décisions d'investissement.

Parmi les nombreuses ONG actives dans le domaine de l'investissement responsable, certaines se concentrent sur des questions spécifiques, telles que la protection de l'environnement, les droits des travailleurs, l'égalité des sexes ou les droits des peuples autochtones. D'autres ONG adoptent une approche plus globale, abordant un éventail de problèmes liés à la durabilité et aux droits de l'homme. Voici quelques exemples d'organisations et de défenseurs qui ont un impact significatif sur l'investissement responsable :

Greenpeace

Fondée en 1971, Greenpeace est une organisation internationale de défense de l'environnement qui milite pour la protection de la nature et la promotion de la paix. Greenpeace utilise des campagnes de sensibilisation, des actions directes non violentes et des recherches pour influencer les entreprises et les gouvernements à adopter des politiques respectueuses de l'environnement. L'organisation s'attaque également aux entreprises dont les activités ont un impact négatif sur l'environnement, ce qui peut inciter les investisseurs à réévaluer leur soutien financier à ces entreprises.

Amnesty International

Créée en 1961, Amnesty International est une organisation de défense des droits de l'homme qui lutte contre les injustices et les violations des droits de l'homme dans le monde entier. Amnesty International mène des recherches approfondies sur les violations des droits de l'homme commises par les entreprises et les gouvernements, et utilise ces informations pour plaider en faveur de changements dans les pratiques et les politiques. Leurs rapports et leurs campagnes peuvent influencer les investisseurs à adopter des approches d'investissement plus responsables et à éviter les entreprises qui ne respectent pas les droits de l'homme.

Ceres

Ceres est une organisation à but non lucratif qui travaille avec les investisseurs et les entreprises pour promouvoir des pratiques durables et responsables. Ceres encourage les entreprises à intégrer les questions ESG dans leur stratégie et leur gouvernance, et soutient les investisseurs dans l'évaluation des risques et des opportunités liés aux critères ESG. Ceres collabore également avec des groupes d'investisseurs pour soutenir des initiatives politiques et réglementaires favorables à la durabilité et aux droits de l'homme.

Rainforest Action Network (RAN)

RAN est une organisation de défense de l'environnement qui se concentre sur la protection des forêts tropicales, la défense des droits des peuples autochtones et la lutte contre le changement climatique. RAN utilise des campagnes de sensibilisation et des actions directes pour influencer les entreprises et les investisseurs à adopter des pratiques plus durables et respectueuses de l'environnement. RAN travaille également avec les communautés locales et les peuples autochtones pour renforcer leur capacité à protéger leurs terres et leurs droits.

Global Witness

Global Witness est une ONG qui enquête sur les liens entre les ressources naturelles, la corruption et les violations des droits de l'homme. L'organisation utilise ses recherches pour plaider en faveur de la transparence, de la responsabilité et de la justice dans l'exploitation des ressources naturelles. Les rapports de Global Witness peuvent être utilisés par les investisseurs pour évaluer les risques liés à l'investissement dans certaines industries et régions, et pour promouvoir des pratiques d'investissement plus éthiques.

Human Rights Watch

Human Rights Watch est une organisation internationale de défense des droits de l'homme qui effectue des recherches approfondies sur les violations des droits de l'homme commises par les gouvernements et les entreprises. L'organisation utilise ses recherches pour plaider en faveur de la protection des droits de l'homme et pour encourager les gouvernements et les entreprises à adopter des pratiques plus éthiques. Les rapports de Human Rights Watch peuvent influencer les investisseurs à prendre en compte les droits de l'homme dans leurs décisions d'investissement.

Ces ONG et défenseurs des droits de l'homme et de l'environnement ont un impact considérable sur la manière dont les investisseurs perçoivent et intègrent les critères ESG dans leurs décisions d'investissement. Leur travail de sensibilisation, de recherche et de plaidoyer contribue à façonner les normes et les attentes en matière d'investissement responsable.

Les régulateurs et les organismes de normalisation ont également un rôle important à jouer dans la promotion de l'investissement responsable. Cependant, les ONG et les défenseurs des droits de l'homme et de l'environnement offrent une perspective unique et essentielle qui permet de s'assurer que les préoccupations sociales et environnementales sont prises en compte et que les investisseurs sont tenus responsables de leurs décisions.

En conclusion, les ONG et les défenseurs des droits de l'homme et de l'environnement jouent un rôle inestimable dans l'écosystème de l'investissement responsable. Leur travail a contribué à sensibiliser le public aux enjeux sociaux et environnementaux, et à encourager les investisseurs et les entreprises à adopter des pratiques plus durables et éthiques. Alors que le mouvement de l'investissement responsable continue de croître et de se développer, le rôle de ces organisations et défenseurs ne fera que devenir plus crucial.

Les entreprises et leur intégration des principes de développement durable

Les entreprises jouent un rôle central dans l'adoption et la promotion des principes de développement durable. En intégrant ces principes dans leurs stratégies commerciales, les entreprises peuvent non seulement contribuer à la réalisation des objectifs de développement durable (ODD), mais également bénéficier d'avantages concurrentiels et créer de la valeur à long terme pour leurs actionnaires et parties prenantes. Dans cette section, nous explorerons comment les entreprises intègrent les principes de développement durable et les défis auxquels elles sont confrontées dans ce processus.

La mise en place d'une stratégie de développement durable

Les entreprises commencent généralement par élaborer une stratégie de développement durable qui définit clairement leurs objectifs, leurs engagements et leurs plans d'action. Cette stratégie sert de feuille de route pour intégrer les principes de développement durable dans toutes les facettes de l'entreprise, de la chaîne d'approvisionnement aux opérations et aux produits et services. Les entreprises peuvent également utiliser cette stratégie pour communiquer leur vision et leurs objectifs en matière de développement durable aux parties prenantes internes et externes.

L'intégration des ODD dans les activités commerciales

Les entreprises peuvent intégrer les ODD dans leurs activités commerciales de diverses manières. Par exemple, elles peuvent investir dans des projets ou des technologies qui contribuent à la réalisation des ODD, comme les énergies renouvelables, l'agriculture durable ou l'accès à l'eau potable. Elles peuvent également s'engager à réduire leur impact environnemental, en mettant en œuvre des pratiques de gestion des ressources, en réduisant les émissions de gaz à effet de serre et en minimisant les déchets.

La responsabilité sociale des entreprises (RSE)

La RSE est une approche de gestion qui intègre les considérations sociales, environnementales et économiques dans les décisions et les activités commerciales. Les entreprises qui adoptent une approche de RSE s'engagent à agir de manière éthique et responsable, en tenant compte des impacts de leurs activités sur la société, l'environnement et l'économie. La RSE peut inclure des initiatives telles que le soutien aux communautés locales, la promotion de la diversité et de l'inclusion, et la protection de l'environnement.

Les partenariats pour le développement durable

Les entreprises reconnaissent de plus en plus que les défis du développement durable sont trop complexes et interdépendants pour être abordés par une seule organisation. En conséquence, de nombreuses entreprises cherchent à établir des partenariats avec d'autres organisations, y compris des gouvernements, des ONG, des institutions académiques et d'autres entreprises, pour collaborer et partager des ressources et des connaissances dans le but d'accélérer le progrès vers les ODD.

La communication et la transparence

Les entreprises sont de plus en plus tenues de communiquer leurs progrès en matière de développement durable et de rendre compte de leurs impacts sociaux et environnementaux. Les rapports de développement durable et les cadres de reporting, tels que la Global Reporting Initiative (GRI) et les normes du Sustainability Accounting Standards Board (SASB), aident les entreprises à mesurer et à communiquer leurs performances de manière transparente et cohérente. Ces rapports permettent aux parties prenantes, y compris les investisseurs, les clients et les employés, d'évaluer les performances de l'entreprise en matière de développement durable et de prendre des décisions éclairées.

Les défis de l'intégration des principes de développement durable

Bien que de nombreuses entreprises reconnaissent l'importance du développement durable et s'efforcent de l'intégrer dans leurs activités, elles sont confrontées à plusieurs défis. Parmi ceux-ci, on peut citer la résistance au changement au sein de l'organisation, les contraintes de coûts et de ressources, le manque de connaissances et de compétences en matière de développement durable, et les difficultés à mesurer et à évaluer les impacts sociaux et environnementaux. Pour relever ces défis, les entreprises doivent promouvoir une culture de responsabilité et d'innovation, investir dans la formation et le renforcement des capacités, et adopter des approches de gestion basées sur les données et les performances.

Les bénéfices de l'intégration des principes de développement durable

En intégrant les principes de développement durable, les entreprises peuvent tirer de nombreux avantages. Ces avantages incluent l'amélioration de la réputation et de la marque, l'attraction et la rétention des talents, l'innovation et l'ouverture de nouveaux marchés, la réduction des risques et des coûts, et la création de valeur à long terme pour les actionnaires et les parties prenantes. De plus, en contribuant à la réalisation des ODD, les entreprises peuvent également contribuer à créer un monde plus juste, plus inclusif et plus durable pour tous.

En conclusion, l'intégration des principes de développement durable par les entreprises est une étape cruciale pour répondre aux défis mondiaux auxquels nous sommes confrontés, tels que le changement climatique, la pauvreté et l'inégalité. Les entreprises qui intègrent ces principes avec succès peuvent non seulement contribuer à la réalisation des ODD, mais également renforcer leur compétitivité et leur résilience sur le long terme. Il est donc essentiel que les entreprises continuent à innover, à collaborer et à s'adapter pour relever les défis du développement durable et créer un avenir meilleur pour tous.

Les outils et les méthodes pour évaluer et investir de manière responsable

Les normes de reporting ESG

Introduction aux normes de reporting ESG : Le reporting ESG (Environnement, Social et Gouvernance) est devenu une pratique courante pour les entreprises et les investisseurs souhaitant évaluer et communiquer leur performance en matière de développement durable. Les normes de reporting ESG fournissent un cadre pour la collecte, l'analyse et la divulgation d'informations sur les impacts et les risques environnementaux, sociaux et de gouvernance des entreprises. Ces normes visent à améliorer la transparence et la comparabilité des données ESG, ce qui permet aux investisseurs, aux régulateurs et aux autres parties prenantes de prendre des décisions éclairées.

Les normes de reporting ESG ont évolué au fil du temps, à mesure que les attentes des investisseurs et des parties prenantes en matière de divulgation et de responsabilité des entreprises ont augmenté. Les premières normes de reporting ESG étaient souvent axées sur des domaines spécifiques, tels que l'environnement ou la responsabilité sociale, et étaient généralement développées par des organisations non gouvernementales ou des associations professionnelles. Au fil du temps, les normes de reporting ESG ont gagné en complexité et en portée, couvrant un éventail de plus en plus large d'indicateurs et d'enjeux. Parallèlement, des initiatives de normalisation ont émergé pour harmoniser et rationaliser les exigences de reporting ESG.

Il existe plusieurs normes et cadres de reporting ESG qui sont largement utilisés et reconnus par les entreprises et les investisseurs. Parmi les plus importants, on peut citer :

Le Global Reporting Initiative (GRI)

Le GRI est un cadre de reporting ESG international et indépendant qui fournit des lignes directrices pour la divulgation d'informations sur les impacts environnementaux, sociaux et économiques des entreprises. Le GRI est largement considéré comme la norme de référence pour le reporting ESG et est utilisé par des milliers d'entreprises dans le monde.

La Task Force on Climate-related Financial Disclosures (TCFD)

La TCFD est une initiative du G20 qui fournit des recommandations pour la divulgation d'informations financières liées au climat par les entreprises. Les recommandations de la TCFD se concentrent sur quatre domaines clés : la gouvernance, la stratégie, la gestion des risques et les indicateurs et cibles.

Les principes de l'Investissement Responsable (PRI)

Les PRI sont une initiative soutenue par les Nations Unies qui promeut l'intégration des questions ESG dans les processus d'investissement et la prise de décision. Les signataires des PRI s'engagent à suivre six principes d'investissement responsable, y compris la divulgation régulière de leur performance ESG.

Les normes du Sustainability Accounting Standards Board (SASB)

Le SASB est une organisation à but non lucratif qui développe des normes de reporting ESG spécifiques au secteur pour les entreprises cotées en bourse. Les normes du SASB sont conçues pour Les normes du SASB sont conçues pour aider les entreprises à divulguer des informations matérielles sur leurs impacts et risques ESG, afin de faciliter la prise de décision des investisseurs. Les normes du SASB couvrent 77 industries et sont basées sur une approche de matérialité, ce qui signifie qu'elles se concentrent sur les enjeux ESG les plus pertinents pour chaque secteur.

Malgré la présence de plusieurs normes et cadres de reporting ESG, il existe encore une certaine fragmentation et une variabilité dans les exigences et les pratiques de reporting. Cela peut rendre difficile pour les investisseurs et les parties prenantes de comparer et d'évaluer les performances ESG des entreprises. Pour remédier à cette situation, plusieurs initiatives ont été lancées pour harmoniser et faire converger les normes de reporting ESG. Parmi ces initiatives, on peut citer :

L'International Integrated Reporting Council (IIRC)

L'IIRC est une organisation mondiale qui promeut l'intégration des informations financières et non financières dans les rapports d'entreprise. L'IIRC a développé le Cadre de

Reporting Intégré, qui vise à fournir une approche cohérente et globale pour la divulgation des informations ESG.

La Value Reporting Foundation (VRF)

La VRF est une organisation née de la fusion du SASB et de l'IIRC en 2021. La VRF a pour mission d'améliorer la comparabilité et la qualité des informations ESG en développant et en promouvant des normes de reporting intégré et spécifiques au secteur.

L'International Sustainability Standards Board (ISSB)

L'ISSB est une nouvelle organisation annoncée en 2021 par l'International Financial Reporting Standards (IFRS) Foundation. L'ISSB a pour objectif de développer des normes mondiales de reporting ESG pour les entreprises cotées en bourse, en s'appuyant sur les travaux existants du GRI, du SASB, de la TCFD et d'autres organisations.

Le développement et la mise en œuvre de normes de reporting ESG présentent à la fois des défis et des opportunités pour les entreprises, les investisseurs et les parties prenantes. Parmi les principaux défis, on peut citer la nécessité de surmonter la fragmentation et la complexité des normes existantes, d'améliorer la qualité et la fiabilité des données ESG, et de renforcer l'engagement et la capacité des entreprises à mettre en œuvre des pratiques de reporting ESG efficaces. Les opportunités liées aux normes de reporting ESG incluent la possibilité de renforcer la transparence et la responsabilité des entreprises, d'améliorer la gestion des risques et la performance ESG, et de stimuler l'innovation et la collaboration entre les entreprises, les investisseurs et les parties prenantes.

Les cadres d'évaluation

L'importance des cadres d'évaluation ESG : Les cadres d'évaluation ESG jouent un rôle crucial dans la mesure et la comparaison des performances des entreprises en matière de responsabilité sociale, environnementale et de gouvernance. Ces cadres permettent aux investisseurs, aux régulateurs et aux autres parties prenantes d'obtenir une vue d'ensemble des pratiques et des impacts ESG d'une entreprise, et de les comparer à celles d'autres entreprises dans le même secteur ou à travers différents secteurs. Les cadres d'évaluation ESG facilitent également la prise de décision en matière d'investissement et la gestion des risques, et peuvent inciter les entreprises à améliorer leurs performances ESG.

Il existe plusieurs cadres d'évaluation ESG qui sont largement reconnus et utilisés par les investisseurs et les entreprises. Parmi les plus notables, on peut citer :

MSCI ESG Ratings

MSCI est l'un des principaux fournisseurs mondiaux d'indices et d'outils d'analyse pour les investisseurs. Leur système de notation ESG évalue les entreprises sur la base d'une série de critères ESG, en se concentrant sur les enjeux les plus pertinents pour chaque secteur. Les entreprises sont notées de AAA à CCC, en fonction de leur exposition aux risques ESG et de leur capacité à les gérer.

Sustainalytics ESG Risk Ratings

Sustainalytics est une entreprise spécialisée dans la recherche et les services ESG. Leur système de notation ESG évalue les entreprises sur la base de leur exposition aux risques ESG et de leur gestion de ces risques. Les entreprises sont notées de 0 à 100, avec des scores plus élevés indiquant un risque ESG plus élevé.

Refinitiv ESG Scores

Refinitiv est un fournisseur mondial d'informations financières et de données de marché. Leur système de notation ESG attribue aux entreprises un score global ESG, ainsi que des scores distincts pour les critères environnementaux, sociaux et de gouvernance. Les scores sont basés sur une échelle de 0 à 100, avec des scores plus élevés indiquant de meilleures performances ESG.

Les cadres d'évaluation ESG prennent généralement en compte un large éventail de critères pour mesurer les performances des entreprises en matière de responsabilité sociale, environnementale et de gouvernance. Ces critères peuvent varier en fonction du cadre d'évaluation et du secteur d'activité, mais incluent généralement des éléments tels que :

Les émissions de gaz à effet de serre et la consommation d'énergie

La gestion des ressources en eau et des déchets

Les droits de l'homme et les conditions de travail

La diversité et l'inclusion

La gouvernance d'entreprise et la structure du conseil d'administration

La lutte contre la corruption et les pratiques commerciales éthiques

L'utilisation des cadres d'évaluation ESG présente à la fois des défis et des opportunités pour les investisse ateurs, les entreprises et les autres parties prenantes. Parmi les défis, on peut citer :

La diversité des cadres d'évaluation

Il existe de nombreux cadres d'évaluation ESG différents, chacun ayant ses propres critères et méthodologies. Cela peut compliquer la comparaison des performances ESG entre les entreprises et les secteurs, et rendre plus difficile la prise de décision en matière d'investissement.

La qualité et la disponibilité des données

Les données ESG sont souvent incomplètes, inexactes ou difficiles à obtenir, en particulier pour les petites et moyennes entreprises. Cela peut limiter la fiabilité des évaluations ESG et rendre plus difficile l'évaluation des performances et des risques.

Les biais et les conflits d'intérêts

Les fournisseurs de cadres d'évaluation ESG peuvent être confrontés à des biais ou à des conflits d'intérêts, par exemple en raison de leurs relations avec les entreprises qu'ils évaluent. Cela peut remettre en question l'objectivité et la crédibilité des évaluations ESG.

Malgré ces défis, les cadres d'évaluation ESG présentent également des opportunités importantes pour les investisseurs, les entreprises et les autres parties prenantes :

Amélioration de la transparence et de la responsabilité

Les cadres d'évaluation ESG peuvent encourager les entreprises à améliorer la transparence et la divulgation de leurs pratiques et impacts ESG, ce qui permet aux investisseurs et aux autres parties prenantes de mieux comprendre et évaluer leurs performances.

Incitation à l'amélioration des performances ESG

Les évaluations ESG peuvent inciter les entreprises à améliorer leurs performances en matière de responsabilité sociale, environnementale et de gouvernance, en mettant en évidence les domaines dans lesquels elles peuvent progresser et en les comparant à leurs pairs.

Création de valeur à long terme

Les cadres d'évaluation ESG peuvent aider les investisseurs et les entreprises à identifier et à gérer les risques ESG, à saisir les opportunités de création de valeur à long terme et à contribuer à un développement durable plus large.

En conclusion, les cadres d'évaluation ESG jouent un rôle clé dans l'intégration des critères de responsabilité sociale, environnementale et de gouvernance dans les décisions d'investissement et la gestion des entreprises. Bien qu'ils présentent des défis, ils offrent également des opportunités importantes pour améliorer la transparence, la responsabilité et les performances ESG, et pour créer de la valeur à long terme pour les investisseurs, les entreprises et la société dans son ensemble.

Les indices et les produits d'investissement

Les indices et les produits d'investissement ESG constituent des outils essentiels pour les investisseurs souhaitant intégrer les critères environnementaux, sociaux et de gouvernance dans leurs portefeuilles. Ils permettent aux investisseurs d'accéder à des actifs répondant à des normes ESG spécifiques, d'évaluer la performance de ces actifs et de diversifier leurs investissements. Dans cette section, nous examinerons les différents types d'indices et de produits d'investissement ESG, ainsi que leurs avantages et leurs défis.

Les indices ESG

Les indices ESG sont des indicateurs boursiers conçus pour mesurer la performance des entreprises en fonction de critères environnementaux, sociaux et de gouvernance. Ils sont généralement constitués d'un panier d'actions ou d'obligations d'entreprises qui respectent certaines normes ou critères ESG.

Parmi les indices ESG les plus connus, on peut citer le Dow Jones Sustainability Index, le MSCI ESG Leaders Index et le FTSE4Good Index.

Les indices ESG présentent plusieurs avantages pour les investisseurs :

> Ils permettent de suivre et d'évaluer la performance des entreprises sur les critères ESG, facilitant ainsi la comparaison avec les indices traditionnels et d'autres indices ESG.

> Ils offrent un moyen de diversifier les investissements et de réduire les risques en intégrant des facteurs ESG dans les portefeuilles.

> Ils peuvent servir de base pour la création de produits d'investissement ESG, tels que les fonds indiciels et les ETF.

Cependant, les indices ESG présentent également des défis et des limites :

> Ils peuvent être affectés par des problèmes de qualité des données, de diversité des méthodologies et de biais, comme les cadres d'évaluation ESG.

> Ils peuvent exclure certaines entreprises ou secteurs qui ne répondent pas aux critères ESG spécifiques, limitant ainsi les opportunités d'investissement et la diversification.

Ils peuvent donner une fausse impression de performance ESG, en se concentrant sur certaines entreprises ou secteurs, sans tenir compte de l'ensemble du portefeuille ou des impacts systémiques.

Les produits d'investissement ESG sont des véhicules d'investissement conçus pour offrir une exposition à des actifs répondant à des critères environnementaux, sociaux et de gouvernance spécifiques. Ils comprennent des fonds indiciels, des ETF, des fonds communs de placement, des obligations vertes et sociales, et des produits structurés. Ces produits d'investissement ESG peuvent être gérés activement ou passivement, en fonction des objectifs et des stratégies des investisseurs.

Les avantages des produits d'investissement ESG incluent :

Ils offrent aux investisseurs un moyen pratique et accessible de diversifier leurs portefeuilles et d'intégrer les critères ESG dans leurs décisions d'investissement.

Ils peuvent aider à canaliser des capitaux vers des entreprises et des projets durables, contribuant ainsi au financement de la transition vers une économie plus verte et plus inclusive.

Ils peuvent offrir des rendements ajustés au risque comparables, voire supérieurs, à ceux des investissements traditionnels, en raison de la résilience accrue des entreprises respectant les critères ESG face aux risques environnementaux, sociaux et de gouvernance.

Toutefois, les produits d'investissement ESG présentent également des défis et des limites :

Comme pour les indices ESG, ils peuvent être affectés par des problèmes de qualité des données, de diversité des méthodologies et de biais, ce qui peut rendre difficile l'évaluation de leur performance réelle sur les critères ESG.

Leur popularité croissante a entraîné une prolifération de produits d'investissement ESG, dont certains peuvent être qualifiés de « greenwashing » ou d'exagération de leurs performances ESG, ce qui peut induire en erreur les investisseurs et nuire à la crédibilité du secteur.

Les produits d'investissement ESG peuvent également exclure certaines entreprises ou secteurs qui ne répondent pas aux critères ESG spécifiques, ce qui peut limiter les opportunités d'investissement et la diversification des portefeuilles.

En conclusion, les indices et les produits d'investissement ESG constituent des outils précieux pour les investisseurs souhaitant intégrer les critères environnementaux, sociaux et de gouvernance dans leurs portefeuilles. Toutefois, il est important de reconnaître leurs avantages et leurs limites, ainsi que la nécessité d'une régulation et d'une normalisation accrues pour garantir la qualité et la transparence de ces outils. Les investisseurs doivent également adopter une approche holistique et responsable dans l'évaluation et la sélection des indices et des produits d'investissement ESG, en tenant compte de l'ensemble de leurs impacts et en privilégiant les entreprises et les projets véritablement durables et responsables.

Les défis de la mesure de l'impact

La mesure de l'impact des investissements responsables et durables est essentielle pour évaluer leur performance et leur contribution aux objectifs environnementaux, sociaux et de gouvernance (ESG). Cependant, plusieurs défis se posent lorsqu'il s'agit d'évaluer cet impact de manière précise et transparente.

Qualité et disponibilité des données

Les investisseurs dépendent des informations fournies par les entreprises et les organismes de notation pour évaluer les performances ESG. Cependant, la qualité et la disponibilité des données varient considérablement entre les entreprises, les secteurs et les régions. Certaines entreprises ne divulguent pas suffisamment d'informations pertinentes, tandis que d'autres peuvent fournir des données incomplètes, inexactes ou obsolètes. Cela peut entraîner des problèmes de comparabilité et de fiabilité des données, rendant difficile pour les investisseurs d'évaluer correctement l'impact de leurs investissements.

Diversité des méthodologies

Il existe une multitude de cadres d'évaluation, de normes de reporting et d'indices ESG, chacun ayant ses propres critères, méthodes et pondérations. Cette diversité peut compliquer la comparaison et l'évaluation des performances ESG entre différentes entreprises et secteurs. De plus, certaines méthodologies peuvent être critiquées pour leur subjectivité ou leur manque de rigueur, ce qui peut remettre en question la validité de leurs résultats.

Greenwashing et exagération des performances ESG

Compte tenu de la popularité croissante des investissements responsables et durables, certaines entreprises peuvent être tentées de présenter leurs activités et leurs performances ESG sous un jour plus favorable qu'elles ne le sont en réalité. Ce phénomène, appelé « greenwashing », peut fausser la perception des investisseurs et les induire en erreur quant à l'impact réel de leurs investissements.

Complexité de la mesure de l'impact social et environnemental

Contrairement aux critères financiers, qui peuvent être mesurés à l'aide d'indicateurs quantitatifs tels que le rendement sur investissement ou la capitalisation boursière, l'évaluation de l'impact social et environnemental repose souvent sur des indicateurs qualitatifs et subjectifs. Par exemple, la mesure de l'impact d'une entreprise sur le bien-être des communautés locales ou la biodiversité peut nécessiter une analyse approfondie et nuancée de facteurs tels que les relations avec les parties prenantes, les politiques de responsabilité sociale et les pratiques de gestion environnementale. Cette complexité rend la mesure de l'impact ESG plus difficile et moins précise que celle des performances financières.

Manque d'uniformité et de transparence

Les entreprises et les organismes de notation sont souvent critiqués pour le manque d'uniformité et de transparence dans leur reporting et leurs méthodologies ESG. Cela peut créer des incertitudes pour les investisseurs et réduire leur confiance dans les évaluations et les classements ESG. Une plus grande normalisation et régulation du secteur, ainsi qu'une meilleure communication et éducation des investisseurs, sont nécessaires pour surmonter ce défi.

Pour relever ces défis, les investisseurs, les entreprises, les régulateurs et les organismes de normalisation doivent travailler ensemble pour améliorer la qualité, la disponibilité et la comparabilité des données ESG. Voici quelques suggestions pour y parvenir :

Encourager la divulgation d'informations ESG de qualité

Les régulateurs et les organismes de normalisation devraient établir des normes de reporting ESG claires, cohérentes et obligatoires pour les entreprises. Cela permettrait d'assurer que les investisseurs disposent d'informations pertinentes, fiables et comparables pour évaluer l'impact de leurs investissements.

Harmoniser les méthodologies d'évaluation

Les organismes de normalisation et les fournisseurs d'indices devraient collaborer pour développer des cadres d'évaluation et des méthodologies communes qui permettent une comparaison équitable des performances ESG entre les entreprises et les secteurs. Ces cadres devraient être basés sur des critères objectifs, transparents et vérifiables, afin de réduire les risques de subjectivité et de manipulation des résultats.

Lutter contre le greenwashing

Les régulateurs devraient mettre en place des mécanismes de surveillance et de sanctions pour identifier et punir les entreprises qui se livrent à des pratiques de greenwashing. Les investisseurs devraient également être conscients de ce risque et se montrer vigilants dans leur évaluation des informations ESG fournies par les entreprises.

Développer des indicateurs d'impact plus robustes et nuancés

Les chercheurs et les praticiens devraient travailler ensemble pour élaborer des indicateurs d'impact social et environnemental qui tiennent compte de la complexité des enjeux ESG et fournissent une image plus précise et complète de la performance des entreprises dans ces domaines.

Promouvoir la transparence et l'éducation des investisseurs

Les entreprises et les organismes de notation devraient être encouragés à communiquer de manière transparente sur leurs méthodologies, leurs résultats et leurs limites, afin de permettre aux investisseurs de mieux comprendre et interpréter les évaluations et les classements ESG. Les investisseurs devraient également être encouragés à se former et à développer leurs compétences en matière d'évaluation de l'impact ESG, afin de prendre des décisions d'investissement plus éclairées et responsables.

En résumé, la mesure de l'impact des investissements responsables et durables présente plusieurs défis, notamment en termes de qualité et de disponibilité des données, de diversité des méthodologies, de greenwashing, de complexité de la mesure de l'impact social et environnemental, et de manque d'uniformité et de transparence. Pour surmonter ces défis, il est essentiel que toutes les parties prenantes collaborent étroitement et œuvrent pour améliorer les normes, les méthodologies et les pratiques de reporting et d'évaluation ESG.

Les opportunités et les risques de l'investissement responsable

Les secteurs d'avenir et les tendances macroéconomiques

L'investissement responsable et durable est en constante évolution, à mesure que de nouveaux secteurs émergent et que les tendances macroéconomiques façonnent le paysage économique et social. Voici un aperçu de certains secteurs d'avenir et des tendances macroéconomiques qui auront probablement un impact significatif sur les investissements responsables et durables dans les années à venir :

L'économie verte

La transition vers une économie verte et bas-carbone est l'une des principales tendances macroéconomiques qui devrait façonner l'avenir des investissements responsables et durables. Les gouvernements et les entreprises sont de plus en plus conscients de la nécessité de lutter contre le changement climatique et de réduire les émissions de gaz à effet de serre. Par conséquent, les secteurs liés aux énergies renouvelables, à l'efficacité énergétique, aux transports propres, à la gestion des déchets et à la conservation des ressources naturelles devraient connaître une croissance significative dans les années à venir. Les investisseurs responsables et durables peuvent tirer parti de ces opportunités en soutenant les entreprises et les projets qui contribuent à la transition vers une économie verte.

La technologie et l'innovation

Les progrès technologiques et l'innovation continuent de transformer l'économie mondiale, offrant de nouvelles opportunités d'investissement responsable et durable. Les secteurs liés à l'intelligence artificielle, à l'Internet des objets, à la robotique, à la biotechnologie et aux technologies de l'information et de la communication sont susceptibles de connaître une croissance rapide. Les investisseurs responsables et durables devraient être attentifs aux entreprises qui adoptent et développent des technologies innovantes pour résoudre les problèmes sociaux et environnementaux, tout en veillant à ce que ces innovations soient utilisées de manière éthique et responsable.

La santé et le bien-être

La pandémie de COVID-19 a mis en évidence l'importance de la santé publique et du bien-être pour la prospérité économique et sociale. Les investisseurs responsables et durables devraient chercher des opportunités dans les secteurs liés à la santé, tels que les soins de santé, la biotechnologie, la santé numérique et les dispositifs médicaux. Ils devraient également soutenir les entreprises qui promeuvent le bien-être des employés, des clients et des communautés, par exemple en offrant des conditions de travail décentes, des produits et services de qualité, et en favorisant l'inclusion sociale et l'égalité des chances.

L'éducation et la formation

L'éducation et la formation sont essentielles pour relever les défis du 21e siècle, tels que le chômage, les inégalités et le changement climatique. Les investisseurs responsables et durables devraient soutenir les entreprises et les projets qui favorisent l'accès à une éducation de qualité pour tous, développent des compétences adaptées aux besoins du marché du travail et encouragent l'apprentissage tout au long de la vie et encouragent l'apprentissage tout au long de la vie. Les secteurs tels que l'éducation en ligne, la formation professionnelle, les technologies éducatives et l'éducation sur les questions environnementales et sociales sont susceptibles de connaître une croissance importante à l'avenir.

L'économie circulaire

L'économie circulaire est un modèle économique qui vise à réduire la consommation de ressources et la production de déchets en favorisant la réutilisation, le recyclage et la régénération des matériaux et des produits. Les investisseurs responsables et durables devraient soutenir les entreprises et les projets qui adoptent des pratiques d'économie circulaire, telles que la conception durable, la réparation et la remise à neuf, la gestion des déchets et la valorisation des sous-produits. Les secteurs liés à l'économie circulaire, tels que les matériaux avancés, les produits chimiques verts et les biotechnologies industrielles, devraient offrir des opportunités d'investissement intéressantes dans les années à venir.

L'inclusion financière

L'inclusion financière est essentielle pour réduire la pauvreté, favoriser la croissance économique et atteindre les Objectifs de développement durable des Nations Unies. Les investisseurs responsables et durables devraient soutenir les entreprises et les projets qui élargissent l'accès aux services financiers pour les personnes à faible revenu, les femmes, les jeunes et les populations rurales. Les secteurs tels que la finance numérique, les microfinancements, les services bancaires mobiles et les fintechs axées sur l'inclusion financière devraient connaître une croissance rapide à l'avenir.

Les partenariats public-privé

Les partenariats public-privé (PPP) peuvent jouer un rôle clé dans le financement et la mise en œuvre des projets d'investissement responsable et durable, en particulier dans les domaines des infrastructures, de l'énergie, de l'eau et de l'assainissement. Les investisseurs responsables et durables devraient chercher des opportunités de collaboration avec les gouvernements, les organisations internationales et les entreprises pour développer et financer des projets PPP qui répondent aux besoins sociaux et environnementaux, tout en générant des rendements financiers attractifs.

En conclusion, les secteurs d'avenir et les tendances macroéconomiques présentés ici offrent de nombreuses opportunités pour les investisseurs responsables et durables. Toutefois, il est important de reconnaître que les risques et les défis associés à ces tendances doivent également être pris en compte lors de la prise de décisions d'investissement. Les investisseurs doivent adopter une approche proactive et bien informée pour naviguer dans ce paysage en constante évolution et maximiser l'impact positif de leurs investissements sur la société et l'environnement.

Les risques et les incertitudes

L'investissement responsable et durable présente de nombreux avantages potentiels, notamment la possibilité d'aligner les objectifs financiers avec les objectifs sociaux et environnementaux et de générer un impact positif à long terme. Cependant, il existe également des risques et des incertitudes inhérents à ce type d'investissement qui doivent être soigneusement pris en compte. Dans cette section, nous examinerons certains des principaux risques et incertitudes auxquels les investisseurs responsables et durables peuvent être confrontés.

La volatilité du marché

Les marchés financiers sont sujets à des fluctuations et à des périodes de volatilité, ce qui peut affecter la performance des investissements responsables et durables. Les facteurs macroéconomiques tels que les taux d'intérêt, les taux de change, les politiques gouvernementales et les événements géopolitiques peuvent influencer la valeur des actifs et créer des risques pour les investisseurs. Il est important pour les investisseurs de diversifier leurs portefeuilles et d'adopter une approche de gestion des risques pour atténuer l'impact de la volatilité du marché sur leurs investissements.

Les risques liés à la réglementation

Les investisseurs responsables et durables doivent tenir compte des risques liés à la réglementation, car les gouvernements et les organismes de réglementation jouent un rôle clé dans la mise en place et l'application des normes ESG et des exigences en matière de reporting. Les changements dans les réglementations, les normes et les exigences de divulgation peuvent avoir un impact sur les entreprises et les investisseurs, et potentiellement affecter la rentabilité des investissements. Il est important pour les investisseurs de suivre de près les évolutions réglementaires et de s'adapter en conséquence.

Les risques liés à la réputation

Les investisseurs responsables et durables peuvent être exposés à des risques liés à la réputation si leurs investissements sont perçus comme ayant un impact négatif sur la société ou l'environnement. Cela peut entraîner une perte de confiance des clients, des partenaires commerciaux et des parties prenantes, et potentiellement affecter la valeur des investissements. Pour gérer ces risques, les investisseurs doivent mettre en place des processus rigoureux de diligence raisonnable et de surveillance des investissements pour s'assurer qu'ils sont alignés sur leurs objectifs ESG et qu'ils minimisent les risques liés à la réputation.

Les risques liés au changement climatique

Le changement climatique est une préoccupation majeure pour les investisseurs responsables et durables, car il peut avoir un impact significatif sur la performance des entreprises et des investissements. Les risques liés au changement climatique incluent les événements météorologiques extrêmes, la hausse du niveau de la mer, les pénuries d'eau et les perturbations des chaînes d'approvisionnement. Les investisseurs doivent évaluer et gérer les risques liés au changement climatique dans leurs portefeuilles et soutenir les entreprises qui adoptent des pratiques durables et des stratégies d'atténuation et d'adaptation au changement climatique.

Les risques liés à l'évolution technologique

L'innovation technologique et les changements dans les modèles commerciaux peuvent également présenter des risques pour les investisseurs responsables et durables. Les entreprises qui ne parviennent pas à s'adapter aux nouvelles technologies ou à répondre aux attentes changeantes des consommateurs peuvent perdre en compétitivité, ce qui peut affecter la performance des investissements. Les investisseurs doivent être attentifs aux tendances technologiques émergentes et soutenir les entreprises qui innovent et s'adaptent aux évolutions du marché.

Les risques liés à l'évaluation de l'impact

La mesure de l'impact social et environnemental des investissements responsables et durables peut être difficile et sujette à controverse. Les méthodologies et les indicateurs d'impact varient, ce qui peut entraîner des difficultés pour comparer les performances et évaluer la véritable portée des investissements. Les investisseurs doivent travailler avec des experts en évaluation d'impact, utiliser des outils et des cadres normalisés, et adopter une approche transparente et rigoureuse pour mesurer et communiquer l'impact de leurs investissements.

Les incertitudes géopolitiques

Les investisseurs responsables et durables sont également confrontés à des incertitudes géopolitiques qui peuvent avoir un impact sur la performance de leurs investissements. Les tensions politiques, les conflits, les crises humanitaires et les violations des droits de l'homme peuvent affecter les marchés et les entreprises dans lesquelles les investisseurs ont des participations. Les investisseurs doivent surveiller étroitement les développements géopolitiques et évaluer comment ils peuvent influencer leurs portefeuilles et leurs stratégies d'investissement.

En conclusion, il est important pour les investisseurs responsables et durables de reconnaître et de gérer les risques et les incertitudes associés à ce type d'investissement. En adoptant une approche proactive de la gestion des risques, en diversifiant les portefeuilles et en travaillant avec des experts et des partenaires de confiance, les investisseurs peuvent atténuer ces risques et positionner leurs investissements pour un succès à long terme.

Les opportunités d'investissement durable

Le paysage de l'investissement durable est en constante évolution, offrant de nombreuses opportunités pour les investisseurs responsables qui cherchent à soutenir des initiatives économiques, sociales et environnementales bénéfiques. Plusieurs secteurs et domaines d'investissement présentent un potentiel particulièrement prometteur pour les investisseurs responsables et durables. Voici quelques-uns des secteurs clés à considérer pour les opportunités d'investissement durable :

Les énergies renouvelables

L'augmentation de la demande en énergie propre et l'urgence de la lutte contre le changement climatique ont créé un énorme potentiel pour l'investissement dans les énergies renouvelables. Les technologies solaires, éoliennes, hydrauliques et géothermiques sont en pleine croissance, offrant des possibilités d'investissement à long terme dans des entreprises et des projets qui contribuent à la transition énergétique mondiale. Les investisseurs peuvent également tirer parti des opportunités dans le stockage de l'énergie, les réseaux intelligents et les infrastructures de recharge pour véhicules électriques.

L'agriculture durable

La demande croissante pour une production alimentaire durable et éthique offre des opportunités d'investissement dans l'agriculture durable. Les investisseurs peuvent soutenir des entreprises et des projets axés sur l'agriculture biologique, la gestion responsable des terres, la réduction du gaspillage alimentaire et l'innovation dans les technologies agricoles. L'investissement dans les alternatives à base de plantes, les protéines de culture cellulaire et les solutions de pêche durable peut également contribuer à une alimentation plus durable et éthique.

L'eau et la gestion des déchets

Les problèmes liés à l'eau et aux déchets sont de plus en plus préoccupants, créant des opportunités d'investissement dans la gestion durable des ressources en eau et la réduction des déchets. Les investisseurs peuvent soutenir des entreprises et des projets qui s'efforcent d'améliorer l'efficacité de l'utilisation de l'eau, de développer des technologies de traitement de l'eau, de gérer les déchets de manière responsable et de promouvoir l'économie circulaire.

Les technologies vertes et l'économie circulaire

L'innovation dans les technologies vertes et l'économie circulaire offre un potentiel considérable pour les investisseurs responsables et durables. Les opportunités d'investissement comprennent les entreprises qui développent des matériaux et des produits durables, les technologies de capture et de stockage du carbone, les solutions de mobilité durable et les services de partage et de location. Les investisseurs peuvent également soutenir des entreprises qui cherchent à réduire leur empreinte écologique et à créer de la valeur à partir des déchets et des ressources sous-utilisées.

La santé et le bien-être

La pandémie de COVID-19 a mis en évidence l'importance de la santé et du bien-être, créant des opportunités d'investissement dans des entreprises et des projets qui promeuvent la santé publique, l'accès aux soins de santé et l'innovation médicale.

L'éducation et la formation

L'éducation et la formation sont essentielles pour le développement durable et la réduction de la pauvreté. Les investisseurs peuvent soutenir des entreprises et des projets qui favorisent l'accès à l'éducation de qualité, développent des solutions d'apprentissage en ligne et offrent des programmes de formation professionnelle. Les investissements dans l'éducation et la formation contribuent à créer une main-d'œuvre qualifiée et résiliente, capable de s'adapter aux défis futurs.

La finance durable

La finance durable est un secteur en pleine croissance qui offre des opportunités pour les investisseurs responsables et durables. Les investisseurs peuvent soutenir des banques, des compagnies d'assurance et des gestionnaires d'actifs qui intègrent des critères ESG dans leurs activités, offrant des produits et services financiers axés sur le développement durable. Les investissements dans la microfinance, les obligations vertes et les fonds d'impact sont également des options pour soutenir le développement durable.

Les technologies de l'information et de la communication (TIC)

Les TIC ont un rôle essentiel à jouer dans la réalisation des objectifs de développement durable. Les investisseurs peuvent soutenir des entreprises qui développent des solutions technologiques pour améliorer l'accès à l'information, la connectivité et la transparence. Les opportunités d'investissement incluent les entreprises qui travaillent sur l'intelligence artificielle, l'Internet des objets, la blockchain et les technologies de traitement des données pour résoudre les défis sociaux et environnementaux.

Les infrastructures durables

Les investissements dans les infrastructures durables sont essentiels pour soutenir la croissance économique, améliorer la qualité de vie et répondre aux défis environnementaux. Les investisseurs peuvent soutenir des projets d'infrastructures durables tels que les transports en commun, les bâtiments écologiques, les systèmes d'énergie renouvelable et les réseaux d'approvisionnement en eau et d'assainissement.

En conclusion, les opportunités d'investissement durable sont nombreuses et variées, permettant aux investisseurs de diversifier leurs portefeuilles tout en soutenant des initiatives qui contribuent à un avenir plus durable et équitable. Les investisseurs responsables et durables doivent rester informés des tendances et des développements dans ces secteurs clés, évaluer régulièrement leurs investissements et être prêts à adapter leur stratégie en fonction des opportunités et des défis qui se présentent.

Les stratégies pour minimiser les risques et maximiser l'impact

L'investissement durable présente des défis uniques en termes de gestion des risques et de maximisation de l'impact. Les investisseurs responsables doivent adopter des stratégies et des approches qui tiennent compte de ces défis tout en leur permettant de tirer parti des opportunités d'investissement durable. Voici quelques stratégies pour minimiser les risques et maximiser l'impact :

La diversification

La diversification est une stratégie essentielle pour minimiser les risques et maximiser l'impact dans l'investissement durable. Les investisseurs peuvent diversifier leurs portefeuilles en investissant dans différents secteurs, géographies et classes d'actifs pour répartir les risques et éviter une trop grande concentration sur une seule opportunité d'investissement. En investissant dans une variété d'initiatives durables, les investisseurs peuvent également maximiser leur impact en soutenant diverses causes et projets qui contribuent à un avenir plus durable.

L'analyse approfondie des critères ESG

Pour minimiser les risques et maximiser l'impact, les investisseurs doivent effectuer une analyse approfondie des critères environnementaux, sociaux et de gouvernance (ESG) des entreprises et des projets dans lesquels ils investissent. Cela permet de s'assurer que les investissements sont en ligne avec les objectifs de développement durable et de réduire les risques associés aux mauvaises pratiques environnementales, sociales ou de gouvernance.

L'engagement actif

Les investisseurs responsables peuvent minimiser les risques et maximiser l'impact en s'engageant activement auprès des entreprises et des projets dans lesquels ils investissent. Cela peut inclure le dialogue avec les dirigeants d'entreprise, la participation aux assemblées générales et le vote sur les résolutions concernant les questions ESG. L'engagement actif permet aux investisseurs d'influencer les politiques et les pratiques des entreprises, de promouvoir des changements positifs et de minimiser les risques liés aux problèmes ESG.

La collaboration et le partenariat

Les investisseurs peuvent minimiser les risques et maximiser l'impact en collaborant avec d'autres investisseurs, organismes de régulation, ONG et entreprises pour partager des informations, des ressources et des connaissances sur les questions de développement durable. Les partenariats et la collaboration peuvent renforcer les capacités des investisseurs à identifier et à soutenir des opportunités d'investissement durable et à promouvoir des changements positifs dans les secteurs et les régions où ils investissent.

La mesure et la communication de l'impact

Les investisseurs responsables doivent mettre en place des systèmes pour mesurer et communiquer l'impact de leurs investissements durables. Cela peut inclure le suivi des indicateurs de performance clés (KPI), la réalisation d'évaluations d'impact et la publication de rapports sur les progrès réalisés par rapport aux objectifs de développement durable. La mesure et la communication de l'impact permettent aux investisseurs de démontrer leur engagement envers la durabilité et d'améliorer la transparence et la responsabilité.

La collaboration avec d'autres investisseurs et parties prenantes

Les investisseurs peuvent renforcer l'impact de leurs investissements en travaillant en collaboration avec d'autres investisseurs, institutions et parties prenantes partageant les mêmes objectifs. En s'associant à des réseaux d'investisseurs responsables et en participant à des initiatives collectives, les investisseurs peuvent partager des informations, des ressources et des meilleures pratiques pour favoriser un impact plus important et minimiser les risques.

La promotion de la transparence et de la responsabilité

Les investisseurs responsables devraient encourager les entreprises dans lesquelles ils investissent à adopter une plus grande transparence et responsabilité en matière d'ESG. En exigeant des rapports réguliers sur les performances ESG et en encourageant les entreprises à adopter des politiques et des pratiques durables, les investisseurs peuvent contribuer à réduire les risques et à promouvoir un impact positif.

L'engagement actif avec les entreprises

Les investisseurs responsables peuvent minimiser les risques et maximiser l'impact en s'engageant activement auprès des entreprises dans lesquelles ils investissent. Cela peut inclure le dialogue avec les dirigeants d'entreprise, le vote lors des assemblées générales et la participation à des initiatives collaboratives axées sur des questions ESG spécifiques. En s'engageant activement auprès des entreprises, les investisseurs peuvent influencer positivement les pratiques d'entreprise et favoriser des changements durables.

La diversification des portefeuilles

Les investisseurs responsables peuvent réduire les risques et maximiser l'impact en diversifiant leurs portefeuilles d'investissement. En investissant dans une variété d'actifs et de secteurs, les investisseurs peuvent atténuer les risques spécifiques au secteur et tirer parti des opportunités d'investissement durable dans divers domaines. La diversification permet également aux investisseurs de répartir le risque et de saisir les opportunités émergentes en matière d'investissement durable.

En adoptant ces stratégies et en se concentrant sur la minimisation des risques et la maximisation de l'impact, les investisseurs responsables peuvent jouer un rôle clé dans la transition vers un avenir plus durable et équitable.

Les perspectives d'avenir pour l'investissement responsable

Les tendances émergentes et les innovations

Au fur et à mesure que l'investissement durable gagne en importance, de nouvelles tendances et innovations émergent pour aider les investisseurs et les entreprises à répondre aux défis ESG et à maximiser leur impact. Voici quelques tendances émergentes et innovations dans le domaine de l'investissement durable :

La technologie blockchain

La blockchain, la technologie sous-jacente des crypto-monnaies, peut être utilisée pour faciliter la traçabilité et la transparence des chaînes d'approvisionnement, permettant aux investisseurs et aux entreprises de mieux comprendre et gérer les risques ESG. En enregistrant les transactions et les informations de manière sécurisée et transparente, la blockchain peut aider à améliorer la responsabilité et la confiance entre les parties prenantes.

L'intelligence artificielle (IA) et l'apprentissage automatique

L'IA et l'apprentissage automatique peuvent être utilisés pour analyser et interpréter de grandes quantités de données ESG, permettant aux investisseurs de prendre des décisions d'investissement plus éclairées et de mieux comprendre les risques et les opportunités. Ces technologies peuvent également aider les entreprises à surveiller et à optimiser leur performance ESG en temps réel, en identifiant les domaines d'amélioration et en facilitant la prise de décision basée sur les données.

L'économie circulaire

L'économie circulaire est un modèle économique qui vise à minimiser les déchets et à optimiser l'utilisation des ressources en encourageant la réutilisation, le recyclage et la régénération des matériaux et des produits. Les investisseurs durables peuvent soutenir cette transition en finançant des entreprises et des technologies qui favorisent l'économie circulaire, réduisant ainsi les risques environnementaux et créant de nouvelles opportunités d'investissement.

L'investissement à impact

L'investissement à impact est une approche d'investissement qui vise à générer des retours financiers positifs tout en ayant un impact social et environnemental mesurable. Cette approche gagne en popularité parmi les investisseurs durables, car elle permet de mieux cibler et de quantifier l'impact de leurs investissements. Les investissements à impact peuvent prendre diverses formes, notamment les obligations vertes, les obligations sociales et les fonds d'investissement à impact.

Les mégatendances mondiales

Les investisseurs durables sont de plus en plus conscients des mégatendances mondiales, telles que le changement climatique, la croissance démographique, l'urbanisation et les avancées technologiques, qui façonnent les opportunités et les risques d'investissement. En intégrant ces tendances dans leur analyse et leur stratégie d'investissement, les investisseurs peuvent mieux anticiper les défis ESG et tirer parti des opportunités émergentes.

La finance décentralisée (DeFi)

La finance décentralisée, ou DeFi, est un écosystème financier émergent basé sur la technologie blockchain qui permet aux utilisateurs d'accéder à des services financiers sans intermédiaires traditionnels, tels que les banques et les institutions financières. DeFi peut offrir de nouvelles opportunités pour les investisseurs durables en facilitant l'accès aux capitaux, en réduisant les coûts de transaction et en améliorant la transparence des investissements. Les investisseurs durables peuvent tirer parti de la DeFi pour soutenir des projets et des entreprises ayant un impact social et environnemental positif, tout en surveillant les risques potentiels associés à cette nouvelle technologie.

L'investissement basé sur les données

La quantité et la qualité des données ESG disponibles ne cessent de s'améliorer, permettant aux investisseurs de prendre des décisions d'investissement plus éclairées et basées sur des données solides. Des outils et des plateformes d'analyse avancés sont également en développement pour aider les investisseurs à intégrer les données ESG dans leur processus d'investissement et à mieux comprendre les risques et les opportunités associés.

L'investissement thématique

L'investissement thématique consiste à investir dans des entreprises ou des secteurs spécifiques qui sont alignés sur des tendances globales ou des objectifs ESG. Les investisseurs durables peuvent utiliser l'investissement thématique pour cibler des domaines d'impact spécifiques, tels que les énergies renouvelables, l'éducation, la santé ou l'égalité des genres. Cette approche permet de concentrer les investissements sur des domaines clés pour le développement durable et de maximiser l'impact.

L'engagement actionnarial

L'engagement actionnarial, qui consiste à dialoguer avec les entreprises et à exercer les droits de vote des actionnaires, est un moyen important pour les investisseurs durables d'influencer les pratiques et les politiques ESG des entreprises. En engageant un dialogue constructif avec les entreprises et en utilisant leur influence en tant qu'actionnaires, les investisseurs peuvent encourager les entreprises à améliorer leur performance ESG et à adopter des pratiques plus durables.

Les partenariats public-privé

Les partenariats public-privé (PPP) sont des collaborations entre les gouvernements et les entreprises privées pour financer et mettre en œuvre des projets d'infrastructures et de services publics. Les PPP peuvent jouer un rôle clé dans la réalisation des objectifs de développement durable (ODD) en mobilisant des capitaux privés pour soutenir des projets ayant un impact social et environnemental positif. Les investisseurs durables peuvent participer à ces partenariats pour accroître leur impact et contribuer à la réalisation des ODD.

Ces tendances et innovations émergentes offrent de nouvelles opportunités et défis pour les investisseurs durables. En restant à la pointe de ces développements et en les intégrant dans leur stratégie d'investissement, les investisseurs peuvent minimiser les risques ESG, maximiser leur impact et contribuer à un avenir plus durable.

Les défis et les opportunités à venir

L'investissement durable continuera à évoluer dans les années à venir, apportant à la fois des défis et des opportunités pour les investisseurs, les entreprises et les autres parties prenantes. Voici quelques défis et opportunités clés que nous pouvons anticiper dans le futur de l'investissement durable :

La régulation croissante

À mesure que l'investissement durable gagne en importance, il est probable que les gouvernements et les organismes de réglementation imposeront des normes ESG plus strictes et des exigences en matière de divulgation pour les entreprises et les investisseurs. Cela peut représenter un défi pour les entreprises qui ne sont pas préparées à se conformer à ces réglementations, mais aussi une opportunité pour celles qui sont en avance sur la courbe en matière de pratiques durables et de reporting.

L'accès à des données de qualité

La qualité et la quantité des données ESG disponibles continueront de s'améliorer, mais le défi consiste à garantir que ces données soient fiables, comparables et pertinentes pour les investisseurs. Les entreprises et les fournisseurs de données devront travailler ensemble pour améliorer la qualité des données et leur accessibilité, ce qui peut créer des opportunités pour les investisseurs et les entreprises qui sont en mesure de tirer parti de ces informations.

L'intégration des Objectifs de développement durable (ODD)

Les ODD des Nations Unies fournissent un cadre global pour aborder les défis sociaux, environnementaux et économiques les plus urgents. Les investisseurs et les entreprises devront intégrer ces objectifs dans leur stratégie et leur processus décisionnel, ce qui peut représenter un défi en termes de priorisation et d'allocation des ressources. Cependant, cela peut également créer des opportunités pour les entreprises et les investisseurs qui sont en mesure de démontrer leur contribution à la réalisation des ODD.

Les innovations technologiques

Les innovations technologiques continueront de remodeler le paysage de l'investissement durable, en offrant de nouvelles opportunités pour les investisseurs et les entreprises, mais aussi en présentant de nouveaux défis et risques. Les investisseurs et les entreprises devront être capables de s'adapter rapidement à ces innovations et de les intégrer dans leur stratégie d'investissement durable, tout en surveillant et en gérant les risques associés.

La collaboration entre les parties prenantes

La réalisation d'un avenir durable nécessite une collaboration étroite entre les investisseurs, les entreprises, les gouvernements, les ONG et les autres parties prenantes. Les défis futurs incluront la création de mécanismes efficaces pour faciliter cette collaboration et la coordination des efforts pour maximiser l'impact. Cela peut également créer des opportunités pour les investisseurs et les entreprises qui sont en mesure de travailler ensemble et de partager les meilleures pratiques en matière de développement durable.

L'éducation et la sensibilisation des investisseurs : Un défi majeur pour l'avenir de l'investissement durable est d'accroître la sensibilisation et l'éducation des investisseurs sur les questions ESG et leur impact sur la performance des investissements. Les institutions financières, les gouvernements et les autres parties prenantes devront travailler ensemble pour fournir des informations et des ressources de qualité aux investisseurs afin de les aider à prendre des décisions d'investissement durables éclairées. Cela peut également créer des opportunités pour les entreprises et les investisseurs qui peuvent démontrer leur expertise et leur leadership dans ce domaine.

La résilience face aux crises

Les crises mondiales, telles que la pandémie de COVID-19, ont mis en évidence l'importance de la résilience et de la durabilité pour les entreprises et les investisseurs. Les défis futurs incluront la préparation et l'adaptation aux crises potentielles et l'anticipation des risques qui pourraient affecter la performance et la stabilité des investissements. Les entreprises et les investisseurs qui peuvent démontrer leur capacité à faire face à ces défis et à en tirer des leçons seront mieux positionnés pour attirer des capitaux durables.

La convergence des normes et des cadres d'évaluation

Alors que de plus en plus de normes et de cadres d'évaluation ESG sont développés, il peut être difficile pour les investisseurs et les entreprises de naviguer dans ce paysage complexe. Un défi futur sera de faciliter la convergence de ces normes et cadres pour faciliter la comparabilité et la cohérence des informations ESG. Cela peut également offrir des opportunités pour les entreprises et les investisseurs qui sont en mesure de s'adapter à ces normes convergentes et de les utiliser pour informer leur stratégie d'investissement durable.

La pression des consommateurs et des actionnaires

Les consommateurs et les actionnaires deviennent de plus en plus conscients de l'importance de la durabilité et exercent une pression croissante sur les entreprises pour qu'elles améliorent leurs pratiques ESG. Les entreprises devront répondre à ces attentes en intégrant les principes de développement durable dans leur stratégie et leur fonctionnement, et en communiquant clairement leurs progrès aux parties prenantes. Les investisseurs peuvent également profiter de cette tendance en soutenant et en investissant dans des entreprises qui répondent à ces attentes.

La transition vers une économie à faible émission de carbone

La lutte contre le changement climatique est un enjeu majeur pour les investisseurs durables et nécessitera une transition massive vers une économie à faible émission de carbone. Les entreprises et les investisseurs devront faire face à de nombreux défis dans cette transition, notamment la désinvestissement des combustibles fossiles, l'investissement dans les énergies renouvelables et l'adaptation aux réglementations environnementales. Cependant, cette transition offre également de nombreuses opportunités d'investissement pour les entreprises et les investisseurs qui sont en mesure de s'adapter et de se positionner en tant que leaders dans ce domaine.

En conclusion, l'avenir de l'investissement durable est plein de défis et d'opportunités. Les investisseurs et les entreprises devront s'adapter à un paysage en constante évolution et travailler ensemble pour relever les défis ESG et maximiser leur impact. En restant à la pointe des tendances émergentes, en adoptant des technologies et des pratiques innovantes et en collaborant avec les parties prenantes, les investisseurs et les entreprises peuvent contribuer à créer un avenir plus durable et résilient pour tous.

Les investisseurs et les entreprises qui anticipent et s'adaptent à ces défis et opportunités seront mieux positionnés pour réussir dans un monde de plus en plus axé sur la durabilité. En fin de compte, l'investissement durable offre un potentiel considérable pour générer des rendements financiers positifs tout en ayant un impact significatif sur les problèmes sociaux et environnementaux mondiaux. Alors que les défis et les opportunités continueront d'évoluer, l'investissement durable restera un élément clé pour façonner un avenir plus prospère et durable pour tous.

La réglementation
et les initiatives gouvernementales

Au cours des dernières années, la réglementation et les initiatives gouvernementales ont joué un rôle de plus en plus important dans la promotion de l'investissement durable et la prise en compte des critères ESG. Les gouvernements du monde entier reconnaissent l'importance de la durabilité et mettent en place des politiques et des régulations pour encourager les investisseurs et les entreprises à adopter des pratiques plus responsables.

Un exemple de réglementation influente est la Directive sur la divulgation d'informations non financières (NFRD) de l'Union européenne, qui oblige les grandes entreprises à divulguer des informations sur leur impact social et environnemental. Cette directive vise à améliorer la transparence et à aider les investisseurs à prendre des décisions d'investissement plus éclairées.

De même, les Principes pour l'investissement responsable (PRI) des Nations Unies, un ensemble de principes volontaires pour l'investissement responsable, ont été largement adoptés par les investisseurs du monde entier. Les PRI encouragent les investisseurs à intégrer les questions ESG dans leur processus de prise de décision et à promouvoir la transparence et la divulgation sur leurs activités liées aux critères ESG.

Outre les régulations, les gouvernements ont également mis en place des initiatives pour encourager l'investissement durable. Par exemple, plusieurs gouvernements ont créé des fonds souverains axés sur la durabilité pour investir dans des projets et des entreprises ayant un impact social et environnemental positif. Ces fonds ont pour objectif de générer des rendements financiers tout en favorisant le développement durable et la transition vers une économie à faibles émissions de carbone.

De plus, de nombreux gouvernements ont lancé des initiatives pour encourager les investissements dans les énergies renouvelables, les infrastructures durables et les technologies propres. Ces initiatives comprennent des incitations fiscales, des subventions et des garanties de prêt pour les entreprises et les projets qui contribuent à la transition vers une économie plus durable.

Les gouvernements jouent également un rôle important dans la création de normes et de cadres pour faciliter l'évaluation et la comparaison des performances ESG des entreprises. Par exemple, la Commission européenne a récemment proposé un ensemble de normes pour les entreprises en matière de divulgation d'informations ESG, qui vise à harmoniser les exigences en matière de reporting et à faciliter la comparabilité des informations pour les investisseurs.

Les régulateurs financiers, tels que les banques centrales et les autorités de surveillance des marchés financiers, ont également commencé à reconnaître l'importance des risques ESG et leur impact sur la stabilité financière. À cet égard, ils ont introduit des exigences de divulgation et de gestion des risques ESG pour les institutions financières. Par exemple, la Banque d'Angleterre a mis en place des tests de résistance aux risques climatiques pour évaluer la résilience des institutions financières face aux scénarios de transition et de changement climatique.

Enfin, les gouvernements ont également un rôle crucial à jouer dans la promotion de l'éducation et de la sensibilisation aux enjeux ESG et à l'investissement durable. Cela peut se faire par le biais de campagnes d'information, de partenariats avec des organisations non gouvernementales et des institutions éducatives, et de la création de centres de recherche et de formation spécialisés dans la durabilité et les questions ESG.

En somme, la réglementation et les initiatives gouvernementales jouent un rôle clé dans le développement de l'investissement durable et la prise en compte des critères ESG. Les gouvernements et les régulateurs du monde entier doivent continuer à travailler ensemble pour élaborer des politiques et des régulations qui encouragent la transparence, la divulgation et l'intégration des enjeux ESG dans les décisions d'investissement. Parallèlement, il est essentiel de promouvoir l'éducation et la sensibilisation sur ces questions pour encourager une adoption plus large et une meilleure compréhension des défis et des opportunités liés à l'investissement durable.

Les défis futurs pour les gouvernements et les régulateurs incluent l'harmonisation des normes de reporting ESG et la mise en place de régulations qui tiennent compte des spécificités locales et régionales. De plus, il sera essentiel de surveiller et d'évaluer l'efficacité des régulations et des initiatives mises en place pour s'assurer qu'elles répondent aux objectifs de durabilité souhaités.

En conclusion, la réglementation et les initiatives gouvernementales sont des éléments essentiels pour encourager l'investissement durable et la prise en compte des critères ESG dans les décisions d'investissement. Alors que les enjeux environnementaux, sociaux et de gouvernance prennent de plus en plus d'importance, il est crucial que les gouvernements et les régulateurs continuent à jouer un rôle actif pour façonner l'avenir de l'investissement durable.

La responsabilité des investisseurs dans un monde en mutation

Dans un monde en constante évolution, où les problèmes environnementaux, sociaux et de gouvernance (ESG) ont pris une importance croissante, les investisseurs ont un rôle central à jouer pour favoriser la durabilité et les pratiques responsables. Leur responsabilité va au-delà de la simple recherche de rendements financiers et englobe également la prise en compte des impacts de leurs investissements sur la société et l'environnement. Voici quelques aspects clés de la responsabilité des investisseurs dans ce contexte en mutation.

Intégration des critères ESG dans le processus d'investissement

Les investisseurs doivent intégrer de manière systématique et cohérente les critères ESG dans leur processus d'investissement, en tenant compte des risques et des opportunités liés à ces facteurs. Cela implique de s'informer sur les enjeux ESG pertinents pour les secteurs et les entreprises dans lesquelles ils investissent et d'adapter leurs décisions d'investissement en conséquence. Les investisseurs peuvent également utiliser des outils et des méthodes d'évaluation pour mesurer l'impact de leurs investissements et ajuster leurs portefeuilles si nécessaire.

Engagement actif auprès des entreprises

Les investisseurs ont la responsabilité de s'engager activement auprès des entreprises dans lesquelles ils investissent pour les encourager à adopter des pratiques durables et responsables. Cela peut prendre la forme de dialogues constructifs avec la direction, de votes aux assemblées générales et d'actions en justice si nécessaire. En étant proactifs et en faisant preuve de leadership, les investisseurs peuvent contribuer à améliorer les pratiques des entreprises et à générer un impact positif sur la société et l'environnement.

Collaboration et partage d'informations

Les investisseurs ont également la responsabilité de collaborer avec d'autres acteurs du marché, tels que les régulateurs, les ONG, les entreprises et les autres investisseurs, pour promouvoir la durabilité et l'investissement responsable. Le partage d'informations et de bonnes pratiques peut aider à renforcer la compréhension des enjeux ESG et à développer des approches communes pour les aborder. Les investisseurs peuvent également participer à des initiatives sectorielles et multi-parties prenantes pour favoriser la mise en œuvre de normes et de régulations en matière d'ESG.

Transparence et divulgation

La responsabilité des investisseurs implique également d'être transparents sur leurs politiques et pratiques en matière d'ESG et de communiquer de manière claire et précise sur leurs investissements et leur impact. La divulgation régulière d'informations sur la manière dont les critères ESG sont intégrés dans le processus d'investissement, ainsi que sur les risques et les opportunités associés, permet de renforcer la confiance des parties prenantes et de faciliter le suivi des progrès réalisés en matière de durabilité.

Éducation et sensibilisation

Les investisseurs ont également la responsabilité de promouvoir l'éducation et la sensibilisation aux enjeux ESG et à l'investissement durable auprès de leurs clients, de leurs employés et des autres parties prenantes. Cela peut inclure la formation et le développement des compétences en matière d'ESG pour les employés, ainsi que la fourniture d'informations et de ressources aux clients pour les aider à prendre des décisions d'investissement éclairées et responsables.

Adaptabilité et anticipation

Dans un monde en mutation rapide, les investisseurs doivent être capables de s'adapter rapidement aux nouvelles tendances et aux défis émergents. Cela implique d'être à l'affût des innovations technologiques, des évolutions réglementaires et des changements dans les attentes des parties prenantes. En anticipant ces changements, les investisseurs peuvent ajuster leurs stratégies et leurs pratiques en conséquence et continuer à générer de la valeur à long terme pour leurs clients, tout en contribuant à la réalisation des objectifs de développement durable.

Responsabilité sociale et environnementale

Les investisseurs ont la responsabilité de s'assurer que leurs propres opérations sont en accord avec les principes de durabilité et de responsabilité sociale et environnementale. Cela peut inclure la mise en place de politiques internes pour minimiser leur empreinte écologique, promouvoir la diversité et l'inclusion sur le lieu de travail et soutenir les communautés locales.

Influence sur les politiques publiques

En tant qu'acteurs clés de l'économie, les investisseurs ont un rôle à jouer pour influencer les politiques publiques en faveur du développement durable et de la transition vers une économie à faible émission de carbone. Ils peuvent utiliser leur pouvoir et leur expertise pour plaider en faveur de politiques et de régulations favorables à l'investissement responsable et à la protection de l'environnement et des droits sociaux.

En résumé, la responsabilité des investisseurs dans un monde en mutation va bien au-delà de la simple recherche de rendements financiers. Elle englobe également la prise en compte des impacts environnementaux, sociaux et de gouvernance de leurs investissements, l'engagement actif auprès des entreprises, la collaboration avec d'autres acteurs, la transparence, l'éducation, l'adaptabilité, la responsabilité sociale et environnementale et l'influence sur les politiques publiques. En assumant pleinement ces responsabilités, les investisseurs peuvent jouer un rôle clé dans la promotion d'un développement économique durable et équitable pour tous.

Les études de cas
et les exemples concrets

Les réussites et les échecs notables

Réussites notables

Fonds souverains et investissement responsable

Parmi les réussites notables en matière d'investissement durable, on trouve l'engagement croissant de certains fonds souverains à intégrer les critères ESG dans leurs stratégies d'investissement. Par exemple, le fonds souverain norvégien, le Government Pension Fund Global, est devenu l'un des leaders mondiaux de l'investissement responsable en adoptant des directives strictes en matière d'ESG et en excluant les entreprises qui ne respectent pas ces critères.

Entreprises pionnières en matière de durabilité

Certaines entreprises ont réussi à allier rentabilité et durabilité en intégrant les principes du développement durable à leur modèle d'affaires. Des entreprises comme Patagonia, Unilever et Tesla sont devenues des références en matière de responsabilité sociale et environnementale, en mettant en place des pratiques innovantes pour réduire leur empreinte écologique et améliorer leurs performances ESG.

Fondations et philanthropie

Plusieurs fondations et philanthropes ont également joué un rôle clé dans le soutien à l'investissement durable. La Fondation Bill et Melinda Gates, par exemple, a largement contribué à la lutte contre la pauvreté et les maladies dans les pays en développement, en investissant dans des initiatives visant à améliorer la santé, l'éducation et les opportunités économiques pour les populations les plus vulnérables.

Instruments financiers innovants

L'essor des obligations vertes, des obligations sociales et des obligations à impact a permis de mobiliser des capitaux pour financer des projets à impact positif sur l'environnement et la société. Ces instruments financiers ont connu une croissance rapide ces dernières années, attirant l'intérêt des investisseurs et des entreprises en quête d'opportunités d'investissement durable.

Échecs notables

Échec de la gouvernance d'entreprise

Certains scandales financiers et écologiques ont mis en lumière les lacunes dans la gouvernance d'entreprise et le manque de responsabilité sociale et environnementale de certaines entreprises. Des exemples notables incluent le scandale de la fraude aux émissions de Volkswagen, la catastrophe pétrolière de BP dans le golfe du Mexique et les pratiques de corruption chez Enron.

Faillites de projets d'énergie renouvelable

Plusieurs projets d'énergie renouvelable ont connu des échecs en raison de mauvaises décisions d'investissement, de problèmes techniques ou de changements dans les politiques gouvernementales. L'un des exemples les plus célèbres est la faillite de Solyndra, une entreprise américaine de panneaux solaires, qui a suscité de vives critiques concernant les subventions gouvernementales aux entreprises d'énergie renouvelable.

Incohérences dans les notations ESG

Les divergences entre les méthodologies et les critères utilisés par les agences de notation ESG ont soulevé des questions sur la fiabilité et la pertinence des notations pour les investisseurs. Par exemple, certaines entreprises ayant des pratiques controversées peuvent recevoir des notes ESG élevées en fonction des critères choisis par une agence de notation, tandis qu'elles pourraient être mal notées par une autre agence. Cela peut entraîner une confusion pour les investisseurs cherchant à prendre des décisions éclairées sur la base des notations ESG.

Greenwashing

Un autre échec notable dans le domaine de l'investissement durable est le phénomène du greenwashing, où certaines entreprises ou produits financiers prétendent être respectueux de l'environnement sans pour autant l'être réellement. Le greenwashing peut tromper les investisseurs en leur donnant l'impression qu'ils investissent de manière durable, alors qu'en réalité, leurs investissements peuvent avoir un impact négatif sur l'environnement ou la société.

Manque d'impact réel

Certains investissements prétendument durables n'ont pas généré les impacts positifs escomptés sur l'environnement ou la société. Par exemple, certaines entreprises ont pu bénéficier de fonds d'investissement durable, mais ont néanmoins continué à exploiter des ressources naturelles de manière non durable ou à mener des activités controversées sur le plan éthique.

En conclusion, les réussites et les échecs notables dans le domaine de l'investissement durable illustrent la complexité et les défis auxquels sont confrontés les investisseurs, les entreprises et les autres parties prenantes. Malgré ces défis, l'investissement durable continue de gagner en importance et en influence, et il est essentiel d'apprendre des succès et des échecs passés pour améliorer les pratiques et maximiser l'impact positif sur l'environnement et la société.

Les enseignements tirés de ces expériences

Les expériences passées en matière d'investissement durable ont apporté de précieuses leçons qui peuvent aider les investisseurs, les entreprises et les autres parties prenantes à améliorer leurs pratiques et à maximiser l'impact positif sur l'environnement et la société. Voici quelques-uns des enseignements clés tirés de ces expériences :

Importance de la transparence et de la divulgation

Une transparence accrue et une divulgation adéquate des informations ESG sont essentielles pour permettre aux investisseurs d'évaluer correctement les risques et les opportunités associés à leurs investissements. Les entreprises devraient être encouragées à divulguer des informations pertinentes sur leurs pratiques ESG et à adopter des normes de reporting largement acceptées, telles que celles établies par la Global Reporting Initiative (GRI), le Sustainability Accounting Standards Board (SASB) ou le Task Force on Climate-related Financial Disclosures (TCFD).

Nécessité d'une méthodologie et de critères ESG cohérents

Les divergences entre les méthodologies et les critères utilisés par les agences de notation ESG soulignent la nécessité d'une approche plus cohérente et harmonisée. Les parties prenantes doivent collaborer pour développer des normes et des référentiels communs qui facilitent la comparabilité et la pertinence des notations ESG pour les investisseurs.

Prévenir le greenwashing

Pour lutter contre le greenwashing, les régulateurs et les organismes de normalisation doivent renforcer les exigences en matière de divulgation et de vérification des informations ESG. Les investisseurs doivent également être vigilants et mener une due diligence approfondie pour s'assurer que leurs investissements sont réellement durables et ne contribuent pas à des pratiques trompeuses.

Importance de l'engagement actionnarial

Les investisseurs ont un rôle important à jouer en engageant un dialogue constructif avec les entreprises dans lesquelles ils investissent pour les encourager à adopter des pratiques durables. L'engagement actionnarial peut être un outil efficace pour inciter les entreprises à améliorer leurs performances ESG et à réduire les risques liés à la durabilité.

Intégration des critères ESG dans l'ensemble du processus d'investissement

Les investisseurs doivent intégrer les considérations ESG dans l'ensemble du processus d'investissement, de la sélection des actifs à la gestion des risques et à la mesure de l'impact. Cela nécessite une compréhension approfondie des enjeux ESG et une capacité à évaluer les risques et les opportunités associés à chaque investissement.

Collaboration et partenariats

Les investisseurs, les entreprises, les régulateurs et les autres parties prenantes doivent travailler ensemble pour promouvoir et renforcer les pratiques d'investissement durable. Les partenariats et la collaboration peuvent contribuer à partager les connaissances, les ressources et les meilleures pratiques, et à renforcer l'adoption des principes ESG dans l'ensemble du secteur financier.

Éducation et sensibilisation

Il est crucial de sensibiliser et d'éduquer les investisseurs, les entreprises, les régulateurs et les autres parties prenantes sur l'importance de l'investissement durable et sur les meilleures pratiques en matière d'ESG. Des programmes de formation et des campagnes de sensibilisation peuvent aider à combler les lacunes en matière de connaissances et à encourager l'adoption de pratiques durables.

Flexibilité et adaptabilité

Les investisseurs et les entreprises doivent être prêts à s'adapter aux nouvelles tendances et aux évolutions du paysage de l'investissement durable. Il est important de rester informé des développements en matière de réglementation, de normes de reporting et de meilleures pratiques, et d'être prêt à ajuster les stratégies d'investissement en conséquence.

Mesure et suivi de l'impact

Les investisseurs doivent mettre en place des mécanismes pour mesurer et suivre l'impact de leurs investissements sur l'environnement et la société. Cela peut inclure la définition d'indicateurs clés de performance (KPI) liés à la durabilité, le suivi des progrès par rapport à ces objectifs et la communication régulière des résultats aux parties prenantes.

Reconnaissance des limites

Les investisseurs doivent reconnaître que l'investissement durable n'est pas une solution miracle et qu'il présente des défis et des limitations. Il est important de rester réaliste quant aux résultats escomptés et de ne pas surestimer l'impact potentiel des investissements ESG. En outre, les investisseurs doivent être conscients des compromis potentiels entre la rentabilité et l'impact, et être prêts à accepter des rendements inférieurs en échange d'une contribution positive à la société et à l'environnement.

En tirant des enseignements des réussites et des échecs passés, les investisseurs, les entreprises et les autres parties prenantes peuvent continuer à améliorer leurs pratiques en matière d'investissement durable et à renforcer l'impact positif sur l'environnement et la société. Il est essentiel d'apprendre de ces expériences pour créer un avenir plus durable et résilient pour tous.

Les histoires inspirantes d'investisseurs et d'entrepreneurs responsables

Les histoires inspirantes d'investisseurs et d'entrepreneurs responsables offrent un aperçu précieux des réussites en matière d'investissement durable et des leçons tirées de ces expériences. Voici quelques exemples qui illustrent comment les investisseurs et les entrepreneurs responsables ont réussi à créer un impact positif sur la société et l'environnement.

Patagonia

Fondée par Yvon Chouinard, Patagonia est une entreprise de vêtements et d'équipements de plein air qui s'est engagée à protéger l'environnement et à promouvoir la durabilité.

Patagonia intègre des pratiques durables dans tous les aspects de son activité, de la sélection des matériaux et de la production éthique à la promotion d'un modèle économique circulaire et à la réduction de son empreinte carbone. En outre, l'entreprise reverse 1% de ses ventes annuelles à des organisations environnementales à travers son initiative « 1% for the Planet ».

Tesla

Fondée par Elon Musk, Tesla est un leader mondial dans le développement de véhicules électriques et de solutions énergétiques renouvelables. L'entreprise a révolutionné l'industrie automobile en créant des véhicules électriques performants et attrayants, et en investissant dans l'infrastructure de recharge nécessaire pour soutenir leur adoption à grande échelle. Tesla démontre que les entreprises peuvent réussir à concilier rentabilité et durabilité en s'attaquant à des problèmes environnementaux cruciaux.

The Ocean Cleanup

Lancé par le jeune entrepreneur néerlandais Boyan Slat, The Ocean Cleanup est un projet ambitieux visant à éliminer les déchets plastiques des océans. L'organisation a développé des technologies innovantes pour capturer et recycler les plastiques à la dérive, et a reçu un soutien financier considérable de la part d'investisseurs et de donateurs. The Ocean Cleanup illustre l'impact que les entrepreneurs peuvent avoir sur la résolution de problèmes environnementaux complexes en développant des solutions innovantes et en attirant des investissements durables.

Calvert Impact Capital

Calvert Impact Capital est un exemple inspirant d'une institution financière qui a intégré les principes ESG dans ses décisions d'investissement. Cette organisation à but non lucratif a pour mission de mobiliser des capitaux pour résoudre les défis mondiaux en matière de pauvreté, d'inégalité et de changement climatique. Calvert Impact Capital a investi plus de 2 milliards de dollars dans des projets durables à travers le monde, en finançant des initiatives dans des secteurs tels que l'énergie propre, le logement abordable et l'éducation.

Grameen Bank

Fondée par le lauréat du prix Nobel de la paix, Muhammad Yunus, la Grameen Bank est une institution de microfinance qui vise à éradiquer la pauvreté en offrant des prêts aux personnes à faible revenu, en particulier les femmes, pour les aider à créer des entreprises et à générer des revenus. La Grameen Bank a eu un impact significatif sur la réduction de la pauvreté et l'amélioration des conditions de vie dans les pays en développement, tout en démontrant que les investissements dans des projets socialement responsables peuvent générer un impact positif et des rendements financiers.

Beyond Meat

Fondée par Ethan Brown, Beyond Meat est une entreprise innovante dans le secteur des protéines alternatives à base de plantes. L'entreprise a réussi à créer des substituts de viande qui imitent le goût et la texture de la viande traditionnelle, tout en étant plus respectueux de l'environnement et des animaux. Beyond Meat a attiré des investisseurs tels que Bill Gates et

Leonardo DiCaprio, et son introduction en bourse a été l'une des plus réussies de ces dernières années. Le succès de Beyond Meat montre comment les entrepreneurs peuvent créer des solutions durables pour répondre aux défis mondiaux tels que le changement climatique et la sécurité alimentaire.

Natura

Natura est une entreprise brésilienne de cosmétiques qui a intégré la durabilité et l'éthique dans sa chaîne d'approvisionnement et de production. L'entreprise travaille en étroite collaboration avec les communautés locales de la forêt amazonienne pour préserver la biodiversité et soutenir le développement économique durable. Natura s'engage également à réduire son empreinte carbone et à utiliser des matériaux recyclables pour ses emballages. L'approche de Natura en matière de responsabilité sociale et environnementale en fait un exemple pour les entreprises cherchant à intégrer les principes de développement durable dans leurs activités.

Ecolife Recycling

Ecolife Recycling est une entreprise canadienne qui aide les entreprises à réduire leur impact environnemental en recyclant leurs déchets plastiques. En travaillant avec des partenaires locaux et internationaux, Ecolife Recycling transforme les déchets plastiques en nouveaux produits utiles, réduisant ainsi la pollution plastique et encourageant l'économie circulaire. L'entreprise montre comment les entrepreneurs peuvent trouver des solutions créatives aux problèmes environnementaux et créer des entreprises durables et rentables.

Ces histoires inspirantes d'investisseurs et d'entrepreneurs responsables montrent qu'il est possible de créer un impact positif sur la société et l'environnement tout en générant des rendements financiers. Les succès et les leçons tirées de ces expériences peuvent servir de guide pour les investisseurs et les entrepreneurs qui cherchent à s'engager dans des projets durables et à contribuer à un avenir plus vert et plus juste.

Les leçons pour les futurs investisseurs responsables

Les investisseurs responsables ont le pouvoir de façonner l'avenir de notre planète en soutenant des entreprises et des projets qui ont un impact positif sur les individus, les communautés et l'environnement. Pour ceux qui cherchent à se lancer dans l'investissement responsable, il est essentiel de tirer des leçons des succès et des échecs passés et de comprendre les meilleures pratiques pour maximiser leur impact. Voici quelques leçons clés pour les futurs investisseurs responsables :

Adopter une approche holistique

L'investissement responsable ne consiste pas seulement à soutenir des entreprises ayant des pratiques environnementales ou sociales exemplaires. Il s'agit également d'évaluer l'ensemble des activités et des impacts d'une entreprise, y compris sa gouvernance, ses relations avec les parties prenantes et ses stratégies à long terme. En adoptant une approche holistique, les investisseurs peuvent identifier les entreprises qui sont vraiment engagées dans le développement durable et éviter celles qui se contentent de pratiquer le greenwashing.

Comprendre l'importance de la recherche et de la due diligence

Avant d'investir, il est crucial de mener une recherche approfondie et une due diligence sur les entreprises et les projets potentiels. Cela implique d'examiner les rapports financiers, les politiques et les performances ESG, ainsi que de comprendre les risques et les opportunités associés à chaque investissement. La recherche et la due diligence permettent aux investisseurs de prendre des décisions éclairées et d'éviter les pièges courants liés à l'investissement responsable.

Se concentrer sur les secteurs et les entreprises à fort potentiel d'impact

Les investisseurs responsables doivent identifier les secteurs et les entreprises qui offrent le plus grand potentiel d'impact positif sur les personnes et la planète. Cela peut inclure des secteurs tels que les énergies renouvelables, l'éducation, la santé et les technologies durables, ainsi que des entreprises qui innovent pour résoudre des problèmes sociaux et environnementaux complexes.

Collaborer avec d'autres investisseurs et parties prenantes

L'investissement responsable nécessite souvent une collaboration entre différents investisseurs, institutions et parties prenantes pour maximiser l'impact et partager les risques. En travaillant ensemble, les investisseurs peuvent soutenir des projets de plus grande envergure, influencer les politiques et les normes du secteur et favoriser un changement systémique vers un avenir plus durable.

Apprendre de ses erreurs et ajuster sa stratégie

L'investissement responsable est un processus en constante évolution, et les investisseurs doivent être prêts à apprendre de leurs erreurs et à ajuster leur stratégie en conséquence. Cela peut impliquer de réévaluer ses objectifs d'investissement, de diversifier son portefeuille ou de se concentrer sur des opportunités d'impact plus importantes.

Intégrer l'investissement responsable dans sa stratégie globale d'investissement

Pour maximiser l'impact et la performance financière, les investisseurs responsables doivent intégrer l'investissement responsable dans leur stratégie globale d'investissement. Cela signifie équilibrer les considérations ESG avec les objectifs financiers et diversifier leur portefeuille pour inclure une combinaison d'investissements responsables et traditionnels. Une stratégie d'investissement intégrée peut aider à atténuer les risques et à générer des rendements plus stables à long terme.

Mesurer et communiquer l'impact

Les investisseurs responsables doivent établir des indicateurs clairs pour mesurer l'impact de leurs investissements et communiquer régulièrement leurs progrès aux parties prenantes. La transparence et la communication aideront à renforcer la confiance et à démontrer l'engagement envers l'investissement responsable.

Participer activement à la gouvernance des entreprises

Les investisseurs responsables ne doivent pas seulement évaluer les entreprises sur la base de leurs performances ESG, mais aussi participer activement à leur gouvernance. Cela peut inclure le vote par procuration, l'engagement auprès des dirigeants et la promotion de politiques et de pratiques durables au sein des entreprises.

Tenir compte des tendances macroéconomiques et des enjeux mondiaux

Les investisseurs responsables doivent être conscients des tendances macroéconomiques et des enjeux mondiaux, tels que le changement climatique, les inégalités et les défis démographiques, qui peuvent affecter les performances des entreprises et les perspectives d'investissement. En tenant compte de ces facteurs, les investisseurs peuvent mieux évaluer les risques et identifier les opportunités d'investissement durable.

Continuer à se former et à se tenir informé

L'investissement responsable est un domaine en constante évolution, et les investisseurs doivent continuer à se former et à se tenir informés des nouvelles tendances, des réglementations et des meilleures pratiques. En restant informé et en adaptant sa stratégie en conséquence, l'investisseur responsable sera mieux préparé à relever les défis futurs et à maximiser son impact.

En résumé, les futurs investisseurs responsables doivent adopter une approche holistique, mener des recherches approfondies, collaborer avec d'autres acteurs, apprendre de leurs erreurs et ajuster leur stratégie en conséquence. En tenant compte de ces leçons et en s'engageant activement dans l'investissement responsable, les investisseurs peuvent jouer un rôle clé dans la transition vers un monde plus durable et équitable.

Vers une société plus juste et durable

Le rôle de l'investissement responsable dans la transition vers un monde plus durable

L'investissement responsable (IR) joue un rôle crucial dans la transition vers un monde plus durable, en orientant les capitaux vers des entreprises et des projets qui favorisent la protection de l'environnement, le développement social et une gouvernance responsable. Cette approche de l'investissement a le potentiel d'influencer le comportement des entreprises et de favoriser une économie plus respectueuse des enjeux environnementaux, sociaux et de gouvernance (ESG).

Alignement des portefeuilles d'investissement avec les objectifs de durabilité

L'investissement responsable incite les investisseurs à aligner leurs portefeuilles avec les objectifs de développement durable (ODD) des Nations Unies et d'autres objectifs de durabilité à long terme. Les ODD comprennent 17 objectifs globaux visant à éradiquer la pauvreté, protéger la planète et assurer la prospérité pour tous d'ici 2030. En soutenant les entreprises qui contribuent à la réalisation de ces objectifs, les investisseurs peuvent aider à accélérer la transition vers un monde plus durable.

Encouragement des pratiques commerciales durables

L'investissement responsable encourage les entreprises à adopter des pratiques commerciales plus durables en récompensant celles qui le font avec un accès plus facile aux capitaux et une valorisation boursière plus élevée. Les investisseurs responsables analysent les performances ESG des entreprises et privilégient celles qui sont en phase avec leurs valeurs et leurs objectifs en matière de durabilité. Cela crée un incitatif pour les entreprises à améliorer leurs pratiques environnementales, sociales et de gouvernance.

Mobilisation des capitaux pour résoudre les problèmes mondiaux

L'investissement responsable permet de mobiliser des capitaux pour résoudre les problèmes mondiaux les plus pressants, tels que le changement climatique, la pénurie d'eau, la pollution et les inégalités sociales. Les fonds d'investissement responsable, les obligations vertes et les autres instruments financiers durables aident à financer des projets et des initiatives qui ont un impact positif sur l'environnement et la société. Par exemple, les investissements dans les énergies renouvelables, l'efficacité énergétique, les transports durables et l'agriculture durable contribuent à la réduction des émissions de gaz à effet de serre et à la préservation des ressources naturelles.

Exercice du droit de vote et engagement actionnarial

Les investisseurs responsables exercent leur droit de vote et s'engagent auprès des entreprises dans lesquelles ils investissent pour encourager des pratiques durables. Ils peuvent voter en faveur de résolutions visant à renforcer les politiques environnementales, sociales et de gouvernance des entreprises et dialoguer avec les dirigeants d'entreprise pour plaider en faveur de changements positifs. L'engagement actionnarial peut être un outil puissant pour influencer les comportements des entreprises et promouvoir la durabilité.

Transparence et reporting

L'investissement responsable favorise la transparence et le reporting sur les questions ESG. Les investisseurs responsables exigent souvent que les entreprises divulguent des informations détaillées sur leurs performances environnementales, sociales et de gouvernance. Cette transparence permet aux investisseurs d'évaluer les risques et les opportunités liés à la durabilité et d'inciter les entreprises à améliorer leurs pratiques.

Promotion de l'innovation et du progrès technologique

L'investissement responsable contribue à promouvoir l'innovation et le progrès technologique en soutenant les entreprises qui développent des technologies et des solutions durables. Les investisseurs responsables peuvent identifier et financer des entreprises qui innovent dans les domaines de l'énergie propre, des matériaux durables, de l'économie circulaire et d'autres secteurs clés pour la transition vers un monde plus durable.

Influence sur les politiques publiques et la régulation

L'investissement responsable peut également influencer les politiques publiques et la régulation en faveur de la durabilité. Les investisseurs responsables peuvent collaborer avec les gouvernements, les régulateurs et les organisations internationales pour promouvoir des politiques et des régulations qui encouragent les entreprises à adopter des pratiques durables et à internaliser les coûts environnementaux et sociaux.

Renforcement de la résilience financière

Enfin, l'investissement responsable peut contribuer à renforcer la résilience financière des investisseurs en les aidant à identifier et à gérer les risques ESG. Les portefeuilles d'investissement intégrant les critères ESG ont tendance à être moins exposés aux risques environnementaux, sociaux et de gouvernance, ce qui peut les rendre plus résilients face aux chocs économiques et financiers.

Le rôle de l'investissement responsable dans la transition vers un monde plus durable est essentiel. En soutenant les entreprises et les projets qui favorisent la durabilité, en encourageant les pratiques commerciales durables et en mobilisant les capitaux pour résoudre les problèmes mondiaux, les investisseurs responsables peuvent contribuer à accélérer la transition vers un monde plus respectueux de l'environnement, socialement équitable et économiquement viable.

Les défis et les opportunités
pour les entreprises et les investisseurs

Les défis

Comprendre et gérer les risques ESG

L'un des principaux défis pour les entreprises et les investisseurs est de comprendre et de gérer les risques ESG. Les risques ESG peuvent varier considérablement d'un secteur à l'autre, et même d'une entreprise à l'autre. Les entreprises et les investisseurs doivent donc développer des compétences et des outils pour identifier, évaluer et gérer ces risques de manière efficace.

La diversité des normes et des cadres de reporting

Un autre défi pour les entreprises et les investisseurs est la diversité des normes et des cadres de reporting ESG. Il existe de nombreux systèmes de notation, d'évaluation et de reporting ESG, ce qui peut rendre difficile pour les entreprises de savoir quelles informations divulguer et pour les investisseurs de comparer les performances ESG des différentes entreprises. Une harmonisation et une standardisation accrues des normes et des cadres de reporting ESG pourraient faciliter la communication et la comparaison des informations ESG.

Le manque de données et d'informations fiables

Le manque de données et d'informations fiables sur les performances ESG des entreprises est un autre défi pour les investisseurs et les entreprises. Les entreprises peuvent être réticentes à divulguer des informations ESG détaillées en raison de préoccupations concernant la confidentialité ou la compétitivité. Les investisseurs peuvent également avoir du mal à trouver des données ESG fiables et comparables pour évaluer les risques et les opportunités. Des efforts sont nécessaires pour améliorer la qualité, la fiabilité et la comparabilité des données ESG.

Les opportunités

Identifier et saisir les opportunités de croissance durable

L'investissement responsable offre aux entreprises et aux investisseurs la possibilité d'identifier et de saisir des opportunités de croissance durable. Les entreprises qui intègrent les critères ESG dans leur stratégie et leurs opérations peuvent bénéficier d'une croissance plus forte, d'une meilleure rentabilité et d'une valorisation boursière supérieure. Les investisseurs responsables peuvent également générer des rendements attractifs en investissant dans des entreprises et des projets durables.

Améliorer la réputation et la confiance des parties prenantes

Les entreprises et les investisseurs qui adoptent des pratiques responsables peuvent améliorer leur réputation et la confiance de leurs parties prenantes, notamment les clients, les employés, les fournisseurs, les régulateurs et les investisseurs. Une meilleure réputation et une plus grande confiance peuvent se traduire par une plus grande fidélité des clients, un meilleur accès aux talents, des relations commerciales plus solides et une moindre exposition aux risques réglementaires et de réputation.

Contribuer à la réalisation des objectifs de développement durable (ODD)

Les entreprises et les investisseurs responsables peuvent contribuer à la réalisation des objectifs de développement durable (ODD) des Nations Unies en soutenant des projets et des entreprises qui contribuent à la résolution des problèmes mondiaux tels que la pauvreté, la faim, l'éducation, la santé, l'égalité des genres, l'eau potable et l'assainissement, l'énergie propre, le travail décent, l'innovation, la réduction des inégalités, les villes et les communautés durables, la consommation et la production responsables, le changement climatique, la vie aquatique, la vie terrestre, la paix et la justice. En soutenant ces projets et entreprises, les investisseurs responsables peuvent générer un impact social et environnemental positif, tout en obtenant des rendements financiers.

L'innovation et la collaboration

Les défis ESG offrent également des opportunités pour l'innovation et la collaboration. Les entreprises et les investisseurs peuvent travailler ensemble pour développer de nouvelles technologies, produits et services qui répondent aux besoins sociaux et environnementaux. Ils peuvent également collaborer avec des partenaires, tels que les gouvernements, les organisations non gouvernementales, les universités et les autres parties prenantes, pour partager des connaissances, des ressources et des compétences afin de résoudre les problèmes ESG de manière plus efficace.

Attirer et fidéliser les talents

Les entreprises qui adoptent des pratiques responsables sont mieux placées pour attirer et fidéliser les talents. Les employés d'aujourd'hui sont de plus en plus soucieux des valeurs et de l'impact social et environnemental de leur employeur. En intégrant les critères ESG dans leur culture d'entreprise et leurs pratiques de gestion, les entreprises peuvent attirer des employés talentueux et engagés, ce qui peut se traduire par une productivité accrue, une meilleure innovation et une rétention des talents plus élevée.

En conclusion, les entreprises et les investisseurs qui adoptent l'investissement responsable peuvent faire face à divers défis, notamment la compréhension et la gestion des risques ESG, la diversité des normes et des cadres de reporting, et le manque de données et d'informations fiables. Cependant, l'investissement responsable offre également de nombreuses opportunités, telles que l'identification et la saisie des opportunités de croissance durable, l'amélioration de la réputation et de la confiance des parties prenantes, la contribution à la réalisation des ODD, l'innovation et la collaboration, et l'attraction et la fidélisation des talents. En relevant ces défis et en saisissant ces opportunités, les entreprises et les investisseurs peuvent jouer un rôle clé dans la transition vers un monde plus durable.

L'importance de la collaboration entre les acteurs

La collaboration entre les acteurs est cruciale pour favoriser l'investissement responsable et soutenir la transition vers un monde plus durable. Les entreprises, les investisseurs, les gouvernements, les organisations non gouvernementales (ONG) et les autres parties prenantes ont tous un rôle à jouer pour relever les défis sociaux, environnementaux et de gouvernance (ESG) et promouvoir un développement durable. Cette collaboration peut prendre diverses formes, notamment le partage de connaissances, la coopération dans le développement de normes et de cadres, et la mise en œuvre de projets communs. Voici quelques domaines clés où la collaboration entre les acteurs peut avoir un impact significatif.

Élaboration et adoption de normes et de cadres ESG

La collaboration entre les acteurs peut contribuer à l'élaboration et à l'adoption de normes et de cadres ESG communs et cohérents. Cela peut faciliter la comparaison des performances ESG des entreprises et des investissements et améliorer la transparence et la responsabilité. Les investisseurs, les entreprises, les régulateurs et les organismes de normalisation peuvent travailler ensemble pour développer des normes et des cadres qui reflètent les meilleures pratiques et tiennent compte des besoins et des attentes des différentes parties prenantes.

Partage des connaissances et des meilleures pratiques

La collaboration entre les acteurs peut également faciliter le partage des connaissances et des meilleures pratiques en matière d'investissement responsable et de gestion ESG. Les entreprises et les investisseurs peuvent apprendre les uns des autres et s'inspirer des réussites et des échecs de leurs pairs pour améliorer leurs propres pratiques. Les ONG, les universités et les autres organisations de recherche peuvent également contribuer en fournissant des informations et des analyses pertinentes pour aider les entreprises et les investisseurs à prendre des décisions éclairées.

Co-investissement et financement collaboratif

Les entreprises et les investisseurs responsables peuvent collaborer pour co-investir et financer des projets et des initiatives qui favorisent le développement durable. Le co-investissement et le financement collaboratif peuvent permettre de partager les risques et les récompenses, de mobiliser davantage de capitaux et de soutenir des projets d'une plus grande envergure. Les gouvernements, les institutions financières internationales et les autres sources de financement peuvent également participer à ces efforts pour stimuler les investissements responsables et soutenir la réalisation des objectifs de développement durable (ODD).

Plaidoyer et influence politique

La collaboration entre les acteurs peut renforcer le plaidoyer et l'influence politique en faveur de l'investissement responsable et du développement durable. Les entreprises et les investisseurs responsables peuvent unir leurs forces pour faire pression sur les gouvernements et les régulateurs afin qu'ils adoptent des politiques et des régulations favorables à l'investissement responsable. Les ONG, les groupes de défense des droits de l'homme et de l'environnement et d'autres parties prenantes peuvent également soutenir ces efforts en sensibilisant le public et en influençant l'opinion publique.

Projets et initiatives conjoints

Enfin, la collaboration entre les acteurs peut également se traduire par la mise en œuvre de projets et d'initiatives conjoints qui favorisent le développement durable. Les entreprises, les investisseurs, les gouvernements, les ONG et d'autres parties prenantes peuvent travailler ensemble pour concevoir, financer et mettre en œuvre des projets qui abordent les défis ESG et créent un impact positif sur la société et l'environnement. Ces projets conjoints peuvent couvrir un large éventail de domaines, tels que l'énergie renouvelable, l'agriculture durable, la gestion des déchets, l'éducation et la santé, et peuvent contribuer à la réalisation des ODD.

En conclusion, la collaboration entre les acteurs est essentielle pour promouvoir l'investissement responsable et soutenir la transition vers un monde plus durable. Les entreprises, les investisseurs, les gouvernements, les ONG et les autres parties prenantes doivent travailler ensemble pour relever les défis ESG, partager les connaissances et les meilleures pratiques, élaborer et adopter des normes et des cadres communs, et mettre en œuvre des projets et des initiatives conjoints.

Ensemble, ces efforts peuvent contribuer à créer un environnement favorable à l'investissement responsable et à la réalisation des objectifs de développement durable.

Les perspectives d'avenir et les aspirations pour un monde meilleur

Les perspectives d'avenir pour l'investissement responsable sont prometteuses, et les aspirations pour un monde meilleur sont à la portée de tous les acteurs impliqués. À mesure que de plus en plus d'entreprises, d'investisseurs, de gouvernements et d'autres parties prenantes adoptent des pratiques responsables, il est possible de réaliser un impact significatif sur les questions environnementales, sociales et de gouvernance (ESG) et de contribuer à la création d'un monde plus durable et plus équitable pour tous.

L'un des principaux moteurs de cette évolution est la prise de conscience croissante de l'urgence des défis auxquels notre planète est confrontée, tels que le changement climatique, la perte de biodiversité, la pollution et les inégalités sociales et économiques. Les acteurs du marché ont compris qu'il est non seulement impératif d'agir pour préserver notre planète et ses ressources pour les générations futures, mais qu'il existe également des opportunités économiques et financières à saisir dans cette transition.

À cet égard, les investisseurs responsables ont un rôle clé à jouer pour soutenir et encourager les entreprises à adopter des pratiques durables et responsables. Les investisseurs peuvent utiliser leur influence et leur pouvoir financier pour inciter les entreprises à améliorer leur performance ESG, en intégrant les critères ESG dans leurs processus de décision d'investissement et en exerçant leur droit de vote lors des assemblées générales des actionnaires.

Parallèlement, les entreprises ont également un rôle important à jouer dans cette transition, en intégrant les principes de développement durable dans leurs stratégies et leurs opérations. Elles peuvent le faire en mettant en place des politiques et des objectifs clairs en matière d'ESG, en investissant dans des technologies et des solutions durables, en veillant au bien-être de leurs employés et en étant transparentes sur leur performance ESG.

Les gouvernements et les organismes de réglementation ont également un rôle clé à jouer en créant un cadre réglementaire favorable à l'investissement responsable et au développement durable. Ils peuvent le faire en élaborant et en mettant en œuvre des politiques publiques, des réglementations et des incitations fiscales qui encouragent les entreprises et les investisseurs à adopter des pratiques responsables et à investir dans des solutions durables.

Les ONG et les défenseurs des droits de l'homme et de l'environnement jouent également un rôle crucial en sensibilisant le public aux défis ESG et en plaidant pour des changements positifs. Leur travail est essentiel pour maintenir la pression sur les entreprises, les investisseurs et les gouvernements afin qu'ils agissent en faveur du développement durable.

Enfin, les individus eux-mêmes ont un rôle à jouer en tant que consommateurs, employés et citoyens. En choisissant d'acheter des produits et des services durables, en soutenant les entreprises responsables et en exerçant leur droit de vote lors des élections, ils peuvent contribuer à façonner un avenir meilleur pour notre planète et ses habitants.

Les aspirations pour un monde meilleur reposent sur la collaboration entre tous ces acteurs et la volonté de travailler ensemble pour relever les défis ESG et saisir les opportunités offertes par la transition vers un monde plus durable. Il est essentiel que les investisseurs, les entreprises, les gouvernements, les ONG et les individus reconnaissent qu'ils ont tous un rôle à jouer et qu'ils sont interconnectés dans cette transition.

L'un des principaux défis pour l'avenir sera d'accélérer le rythme de la transition vers un monde plus durable. Les progrès réalisés jusqu'à présent sont encourageants, mais il reste encore beaucoup à faire pour atteindre les objectifs de développement durable des Nations Unies et limiter le réchauffement climatique à 1,5 degré Celsius.

Pour y parvenir, il sera crucial de continuer à innover et à développer de nouvelles technologies et solutions durables, de renforcer la coopération internationale sur les questions ESG et de créer un environnement propice à l'investissement responsable et au développement durable.

Les investisseurs responsables ont également un rôle important à jouer pour favoriser une plus grande transparence et une meilleure divulgation des informations ESG par les entreprises. Cela permettra aux investisseurs de mieux évaluer les risques et les opportunités liés aux critères ESG et d'orienter leur capital vers des entreprises et des projets qui contribuent à un avenir plus durable.

Enfin, il est essentiel de veiller à ce que les bénéfices de la transition vers un monde plus durable soient partagés équitablement et que personne ne soit laissé pour compte. Cela nécessitera des efforts concertés pour lutter contre les inégalités sociales et économiques, promouvoir l'inclusion et garantir l'accès à des opportunités économiques et éducatives pour tous.

En résumé, les perspectives d'avenir pour l'investissement responsable sont prometteuses et les aspirations pour un monde meilleur sont à la portée de tous les acteurs impliqués. En travaillant ensemble et en s'appuyant sur les progrès réalisés jusqu'à présent, il est possible de réaliser un impact significatif sur les questions ESG et de contribuer à la création d'un monde plus durable et plus équitable pour tous.

Une invitation à agir
et à réfléchir sur notre impact
en tant qu'investisseurs
et citoyens du monde

Au terme de cet ouvrage, il apparaît clairement que l'investissement responsable est un élément essentiel pour façonner un avenir plus durable et équitable pour notre planète et ses habitants. Alors que les défis environnementaux, sociaux et de gouvernance (ESG) continuent de s'accentuer, il est crucial que nous reconnaissions notre responsabilité en tant qu'investisseurs et citoyens du monde pour favoriser un changement positif.

Dans cette conclusion, nous souhaitons souligner l'importance de l'action individuelle et collective pour créer un impact significatif dans le domaine de l'investissement responsable. Chacun d'entre nous, quel que soit notre rôle dans la société, peut contribuer à cet effort en adoptant des pratiques et des comportements durables.

Tout d'abord, en tant qu'investisseurs, il est important de reconnaître l'influence que nous avons sur les entreprises et les marchés. En choisissant d'investir de manière responsable et en tenant compte des critères ESG, nous encourageons les entreprises à améliorer leurs pratiques et à s'engager dans une démarche de développement durable. Il est donc essentiel de se renseigner sur les différents produits et stratégies d'investissement responsable disponibles et d'adapter notre portefeuille en conséquence.

Ensuite, en tant que citoyens, nous pouvons également influencer les décisions des entreprises et des gouvernements par nos choix de consommation et notre engagement civique. En privilégiant les produits et services durables et en soutenant les entreprises qui adoptent des pratiques responsables, nous contribuons à créer une demande pour un marché plus durable. De plus, en participant activement à la vie démocratique et en exprimant nos préoccupations et nos attentes en matière de développement durable auprès de nos représentants politiques, nous favorisons l'adoption de politiques et de régulations favorables à l'investissement responsable.

Il est également important de reconnaître que l'investissement responsable ne concerne pas seulement les grandes institutions financières et les investisseurs fortunés. Les particuliers peuvent également s'impliquer en épargnant et en investissant de manière responsable, en soutenant les projets locaux et en contribuant au financement participatif de projets durables.

Au-delà de nos choix individuels, la collaboration entre les différentes parties prenantes est essentielle pour surmonter les défis liés à l'investissement responsable et accélérer la transition vers un avenir durable. Les gouvernements, les entreprises, les investisseurs, les ONG et les citoyens doivent travailler ensemble pour partager les connaissances, les ressources et les meilleures pratiques afin de créer un écosystème propice au développement durable.

Enfin, nous devons continuellement nous interroger sur l'impact de nos actions et de nos décisions en tant qu'investisseurs et citoyens du monde. L'investissement responsable est un processus évolutif qui nécessite une réflexion constante et une adaptation aux enjeux et aux défis émergents. En nous engageant dans un dialogue ouvert et constructif, nous pouvons apprendre les uns des autres et renforcer notre engagement en faveur de la durabilité et de la responsabilité sociale.

En conclusion, l'investissement responsable est une opportunité sans précédent pour repenser notre manière d'investir et d'agir en tant que citoyens du monde. En adoptant des pratiques d'investissement durable et en collaborant avec les différents acteurs concernés, nous pouvons contribuer à la transition vers un avenir plus juste, équitable et respectueux de l'environnement.

L'invitation à agir et à réfléchir sur notre impact en tant qu'investisseurs et citoyens du monde n'est pas seulement une responsabilité, mais également une opportunité pour chacun d'entre nous de laisser une empreinte positive sur notre planète et les générations futures.

En fin de compte, il est essentiel de se rappeler que chaque geste compte, et que chaque décision d'investissement responsable peut contribuer à un impact collectif significatif. Nous avons le pouvoir de créer un monde meilleur pour tous en prenant des décisions éclairées et en travaillant ensemble pour favoriser un avenir durable.

Alors, acceptons cette invitation à agir et à réfléchir sur notre impact, et faisons de l'investissement responsable un pilier central de notre approche en tant qu'investisseurs et citoyens du monde. Engageons-nous à apprendre, à partager et à grandir ensemble pour créer un avenir meilleur et plus durable pour tous.

Les idées clés du livre

L'investissement responsable vise à intégrer des considérations environnementales, sociales et de gouvernance (ESG) dans les décisions d'investissement.

Les principes éthiques sont fondamentaux pour guider les investisseurs responsables dans leurs choix d'investissement.

La quête du juste équilibre entre rentabilité et impact est un défi constant pour les investisseurs responsables.

La prise en compte du long terme est essentielle pour évaluer les risques et les opportunités liés aux investissements responsables.

Les préjugés courants sur l'investissement responsable peuvent être surmontés en éduquant les investisseurs et en démontrant les réussites.

Les succès et les échecs passés offrent des leçons précieuses pour améliorer les pratiques d'investissement responsable.

La nécessité de repenser notre approche de l'investissement et de l'économie est cruciale pour soutenir un développement durable.

Les investisseurs et entrepreneurs socialement responsables jouent un rôle clé dans la promotion d'un avenir durable.

Les régulateurs et les organismes de normalisation contribuent à définir les cadres et les règles pour l'investissement responsable.

Les ONG et les défenseurs des droits de l'homme et de l'environnement sont des partenaires essentiels pour garantir la responsabilité des entreprises et des investisseurs.

Les entreprises doivent intégrer les principes de développement durable dans leur stratégie et leur gouvernance pour attirer les investisseurs responsables.

Les normes de reporting ESG et les cadres d'évaluation aident à mesurer et à comparer les performances en matière de responsabilité sociale et environnementale.

Les indices et les produits d'investissement permettent aux investisseurs de diversifier leur portefeuille et de soutenir des entreprises responsables.

La mesure de l'impact des investissements responsables reste un défi, mais des progrès sont en cours pour améliorer les méthodologies.

Les secteurs d'avenir et les tendances macroéconomiques offrent de nouvelles opportunités d'investissement durable.

Les risques et les incertitudes liés à l'investissement responsable nécessitent une évaluation et une gestion minutieuses.

La collaboration entre les différents acteurs est cruciale pour relever les défis et saisir les opportunités de l'investissement responsable.

Les tendances émergentes et les innovations dans le domaine de l'investissement responsable ouvrent de nouvelles perspectives pour les entreprises et les investisseurs.

La réglementation et les initiatives gouvernementales soutiennent et encouragent l'investissement responsable à l'échelle mondiale.

Chaque investisseur et citoyen du monde a un rôle à jouer pour favoriser un avenir plus durable et juste, en agissant de manière responsable et en réfléchissant à son impact.

Ne manquez pas l'occasion d'enrichir votre bibliothèque et d'approfondir vos connaissances avec la **collection** de **Polychromatic reflections Publishing :**

L'odyssée du crypto-navigateur : Le guide ultime pour s'installer dans un pays favorable aux crypto-monnaies !
Owen Redford

Découvrez le guide essentiel pour les professionnels de la crypto-monnaie qui cherchent à s'installer dans un pays favorable aux crypto-monnaies. Ce livre offre des conseils précieux, des analyses détaillées et des témoignages inspirants pour vous aider à prendre des décisions éclairées sur votre carrière et votre vie à l'étranger. Que vous soyez entrepreneur, investisseur, ou simplement intéressé par les opportunités offertes par les pays crypto-friendly, ce livre est un incontournable pour vous.

L'équilibre entre vie professionnelle et vie personnelle
Luna Whisper

Ce livre vous propose des stratégies pour créer un équilibre harmonieux entre vos responsabilités professionnelles et vos besoins personnels, pour une vie plus épanouissante et atteindre un bien-être durable. Il vous offre des conseils pratiques et des stratégies pour gérer votre temps, établir des priorités et développer des compétences. Idéal pour les professionnels et les personnes en quête d'une vie plus épanouissante.

Les Murmures de l'Invisible : La Face Cachée des Messages Subliminaux
Thomas D'Angelo

Découvrez le monde caché des messages subliminaux à travers les méandres de l'influence invisible, dans tous les domaines, de la musique aux réseaux sociaux, en passant par l'art et le marketing. Enrichi d'exemples concrets ce livre offre une approche captivante sur un sujet souvent méconnu. Cultivez votre conscience et esprit critique face à ces influences invisibles qui nous entourent.